5월, 눌린 기억을 펴다

박몽구 시집

5월, 눌린 기억을 펴다

박몽구 시집

시와문화

■시인의 말

깊은 곳에 묵혀 두었던 부채를
조금이나마 갚기로 한다
5월은 단지 항쟁이 아닌,
뜨거운 가슴을 가진 사람들이
저를 버리고 이웃을 건진 드라마다
압화처럼 눌린 기억을 꺼내
시민들 스스로 꾸민
미륵 세계를 여기 재현한다

2022년 1월
박몽구

| 차 례 |

■시인의 말

1부 두 어머니

두 어머니 _ 12
녹두서점을 지킨 시민군 김상집 _ 15
무기를 이긴 우정-외우 배환중을 생각하며 _ 18
맑은 물 지킴이 임낙평 _ 22
청주의 의인 김창규 _ 24
화순 탄광 무기를 시민군에 건네다 _ 26
미 항공모함이 뜨던 날 _ 30
시민군 안길정 _ 32
택시 운전사 노병호 _ 34
광주의 불꽃 삼천리로 옮긴 신영일 _ 36
사진 한 장-재단사 출신 시민군 L군 _ 39

2부 꺼지지 않는 불씨

광주 콤뮨 1 _ 44
광주 콤뮨 2 _ 46
금남로 대회전 1 _ 48
금남로 대회전 2 _ 50
금남로 대회전 3 _ 52
전남대 정문 앞 혈전 _ 54
죽음이 두렵지 않은 헌혈 행렬 _ 56
나같이 시민군 _ 58
광주 버스터미널 대전 _ 60
아시아 자동차공장을 징발하다 _ 62
꺼지지 않는 불씨 _ 65
계엄군의 재진입 음모 _ 68
마지막 방송자 박영순 _ 70

3부 무명 전사

도청 사수한 시민군 김인환 _ 74
도청 사수한 시민군 서호빈 _ 77
미국 문화원에 날아든 화염병 _ 80
광주 세무서 불타던 날 _ 82
시민군 결사대 _ 84
작은 별 _ 86
사람이 먼저인 인술 _ 88
주먹밥 _ 90
부마항쟁의 도화선을 이어 _ 92
YWCA 사수한 시민군 나명관 _ 96
어린 시민군 이연 _ 98
무명 전사 _ 101
대인시장의 어머니들 _ 104

4부 택시 운전사

책과 삶 하나 된 김광석 _ 108
여전사 임영희 _ 110
미장공 함광수 _ 112
윤상원 형의 마지막 모습 _ 114
죽창을 든 장두석 _ 117
광천동 야학 지킴이 김영철 형 _ 120
피를 나눈 광주의 딸 박금희 _ 122
상록수역을 지나며 _ 122
두 번 산 신학도 유동운 _ 124
택시 운전사 1 _ 126
택시 운전사 2 _ 128

5부 마지막 저항, 새 출발

총을 든 미얀마 배우 _ 132
민중 한가운데 선 시인 김준태 _ 134
이광영 동지가 가던 날 _ 136
미얀마에서 광주를 읽는다 _ 138
마지막 저항, 새 출발 _ 140
전일빌딩 245 _ 142
내 또래 청년 노동자 권근립 _ 144
광주, 불 같은 희망의 땅 _ 146
도청 앞 회화나무 _ 148
필경사 박용준 _ 151
다시 금남로에 서서 _ 154

■ **발문** 주먹밥, 무기를 이긴 쌀 한 톨/ 김상집 _ 157

제1부
두 어머니

두 어머니

5월 26일 도청 앞 분수대에 올라가
시민군 모집 격문을 몇 번이고 읽었다
"이대로 광주를 전두환 일당에게 넘겨주면
이 나라의 민주주의는 죽음을 맞고 말 것입니다
시민군이 되어 해방구를 끝까지 지켜 주십시오"
YMCA 무진관에서 결의를 다진 시민군 지원자들이
사격술을 익힌 다음 도청으로 향하는 걸 보고
친구 김상집의 산수동 집으로 돌아왔다
다음날을 기약했지만 그것으로 끝이었다

"지금 계엄군이 쳐들어오고 있습니다
시민 여러분 도청으로 나와 주십시오
시민 여러분 우리를 잊지 말아 주세요"
도청 옥상 스피커에서 질긴 울음처럼 흘러나오는
박영순의 방송에 화들짝 잠이 깨어
팔을 꿰는 둥 마는 둥 신새벽 도청으로 달려갔지만
물샐틈없이 착검한 채 에워싼 계엄군 때문에
친구들의 얼굴은 볼 수 없었다

터벅터벅 산수동 오거리로 돌아오는데
한 어른이 분수대에 올랐던 나를 알아보고는
여기까지 계엄군이 곧 들이닥칠 텐데
몸을 피하는 게 좋겠다며 손을 꼭 잡아주셨다

녹두서점을 꾸려가는 장남 상윤이 형과 셋째 김상집
두 아들을 계엄군의 손아귀에 달려 보낸
친구 어머님은 슬픔을 억누른 채
행여 다칠까, 나를 친자식 보듯 걱정하시며
아무도 모르게 자식의 방에 숨겨 주셨다
마냥 그렇게 시간만 벌 수 없도록
계엄군은 수배 전단을 든 채
한 집 한 집 포위망을 좁혀 왔다
너마저 군홧발에 넘겨줄 수 없다며
상집이 어머니는 동분서주하시더니
풍향동으로 친구 문승훈의 집을 찾아가
딱한 사정을 털어놓고 그의 어머니를 모셔왔다
역시 계엄군 수사부에 승훈이도 체포된 뒤였다

두 어머니는 군인들이 들이닥치기 전에
송정리역으로 데려다줄 테니
우선 서울로 몸을 피하라고 했다
대나무 바구니에 떡과 전을 한가득 담으시더니
택시를 타고 광주 외곽 극락강변을 빙 돌았다
광주를 벗어나는 극락교 앞에서 여지없이
착검한 계엄군의 검문을 받았다
두 어머니가 양옆에서 내 손을 꼭 잡았다
"어디 가는 길입니까? 신분증 제시하세요."
계엄군이 차 안을 들여다보자
상집이 어머니께서 태연하게 말씀하셨다
"우리 동생네랑 제사 지내러 시골집에 가는 길이요."
계엄군은 유리문을 내리고 한참이나 나를 훑었지만
두 어머니가 친아들처럼 꼭 붙들고 있는 모습을 보고는

한참 만에 "네 잘 다녀오세요" 하고는 차단기를 올렸다

택시 기사는 냅다 장성역으로 내달렸다
광주의 관문인 송정리역은 검문이 심했기 때문이다
두 어머니는 서울행 기차 시간이 될 때까지
내게 속이 든든해야 한다고 떡을 떼어 주시며
체하지 말라고 물도 따라주셨다

기차가 역을 빠져나갈 때까지
손을 흔들어주시던 두 어머니의 모습
어제인 듯 눈에 선하다
어머니들의 은혜를 갚을 길 막막하지만
위기에 처한 아들 친구에게 아무 망설임 없이
따뜻한 품 내주신 두 어머니를 생각하며
굽힐 줄 몰랐던 해방구 열흘의 기억
언젠가 가슴에서 꺼내 널리 나누리라
밤기차에서 밤새 깨어 맨주먹으로 눈물을 닦았다

녹두서점을 지킨 시민군 김상집

눈을 가린 신문 방송 대신
금쪽같은 진실을 나누던 녹두서점이
계엄 확대를 앞두고 털렸다
금서로 낙인찍힌 책들은 압수당하고
주인 상윤이 형은 영장도 없이 끌려갔다

그의 동생 상집이는 5월 셋째 날 군복을 벗은 지
며칠 안 되어 형이 계엄사에 체포되고
형수마저 불려가 한밤중까지 취조당하는 통에
온 집안이 쑥대밭이 되는 비극을 만났다

이름 모를 시민들이
화려한 휴가 작전에 나선 계엄군이 내리치는
장봉과 칼끝에 희생된 다음날이었지만
녹두서점에서 만난 친구 상집이는
조금도 두려워하는 기색이 없었다
형이 석방되려면 계엄군을 몰아내고
민주 대동세상을 우리 손으로 열어야 한다며
상처투성이인 손을 굳게 잡아왔다

형 때문에 낙인이 찍혀 입학시험 면접에서
번번이 낙방하고
끌려가다시피 한 군대에서
그것도 기강 세기로 소문난 수송대 근무하면서

자동차 운전면허는 물론 중장비며 트레일러 면허 등
무려 대여섯 가지나 따온 참이었다

5·18 첫 시위의 도화선에 불붙였다
그 불씨들이 온 시민들에게 옮겨붙으며
시민들이 연일 억울하게 과녁이 되는 걸 보며
차마 송정리 집으로 들어갈 수 없었던 나는
친구 상집이와 손을 잡고 광주를 지켰다

시민들의 발이던 버스와 택시가 묶이자
전남대로 달려가
멈춰선 버스 키박스를 뜯어
무등경기장에서 멀리 화순 접경까지
거리 거리를 돌며 시민들의 발이 되었다
버스에 물과 주먹밥을 실은 채
계엄군의 총탄을 뚫고 접적 지역 시민군들에게 나누었다

계엄군이 물러나고 해방구가 된 다음에는
다시 전남대로 가 앰프를 징발해 온 다음
곳곳을 누비며 궐기대회에 나와달라고 호소하고
지친 시민군을 대체할 지원병 모집 방송을 하였다

도청에서 모병한 젊은이들을 싣고
화정동이며 담양 경계로 가
지친 시민군들을 교체하도록 했다
그 덕분에 사라진 길이 다시 살아났다
시민궐기대회에 수많은 시민이 모여
도청 분수대 광장이

해방구의 갈 길을 여는 아고라가 되었다

마침내 상집이는 군대 생활 경험을 밑천으로
도청 사수 작전에 들어갈 시민군들 훈련시키고
마지막 날에는 시민군의 보급기지 겸 지휘부
광주 YWCA를 새벽까지 사수하다가
무력이 우세한 계엄군에게 체포되어
죽음의 문턱까지 가야 했다

1년이 넘는 투옥과 차가운 군사법정 재판을 거치면서
그는 금쪽같이 딴 면허들을 몰수당했지만
빈털터리가 되어서도 그는 더없이 넉넉했다
비록 족쇄에 묶인 채 차가운 감옥에 던져졌지만
자유를 지키기 위해서는
자신을 먼저 버려야 한다는 걸 보여주었다
마침내 광주의 멍에가 풀리고
시민들의 힘으로 깨끗한 새벽을 들어올렸다

무기를 이긴 우정
-외우 배환중을 생각하며

광주 해방구를 서슬푸른 무기로 제압하자마자
학살의 주역들은 언제 그랬냐는 듯
부드러운 목소리로 호명했다
각지에서 광주로 구호물자들을 보내오고
출처를 묻지 않을 테니 숨겨둔 총기를 반납하라고
방송에서는 연일 떠들어댔다

그렇게 핑크빛 무드를 조성해 놓고는
거리 곳곳에는 지명수배자 전단을 도배했다
내란 수행자라는 낙인이 찍힌 내 사진을 보며
벽보를 몇 장 북북 찢었지만
손바닥으로 허공을 가리는 일이었다

더 이상 은신처를 옮겨다니기 어렵다는 말을
어디서 귀띔했는지
광천동 야학 강학 임낙평과 함께 만난
고등학교 친구 배환중이 술국을 사더니
땅거미가 짙어지자 화순 집으로 데려갔다

며칠만 신세를 지고 떠난다는 것이
친구 어머니가 친자식처럼 따뜻한 밥을 차려주시고
일손이 부족하니 내 대신 일 좀 해라
다시 열린 학교에 가면서 친구가 던진 말을

빌미 삼아 염치 불고하고 시간을 견뎠다

오일팔 때 무기고가 털린 화순 탄광 가는 길목이고
읍내에서는 무기고를 턴 젊은이들을 색출하느라
한 집 한 집 뒤진다는 말도 들려서
처음에는 마음이 편치 않았다

마을 사람들에게는 군대 마치고
시험 공부하는 친구라고 했으니 걱정 마라
나를 안심시킨 친구는 어머니에게 부탁해
삼거리 건너 빈방을 하나 얻어주셨다
나는 잘 넘어가지 않는 책을 뒤적이거나
서울 친구가 알선해준 일본어책 번역으로
불면의 시간을 겨우겨우 죽일 수 있었다

배씨 자자일촌을 이루고 사는 마을 사람들은
알게 모르게 내 사정을 눈치챈 듯했다
동문 후배의 어머니이기도 한 환중이 당숙모는
하루가 멀다고 따끈한 밥과 반찬을 마련해 들르셨다
잔악한 일제치하와 동족끼리 총을 겨눈 육이오
사일구를 다 겪은 당숙모는
크고 맑은 눈으로 푸른 하늘을 바라시며
난리가 가라앉을 때까지
여기에 꾹 눌러앉아 있으라며 손을 잡아주셨다

겨레붙이라는 건 이런 것이구나
셋방 주인네는 밭에서 자란 파며 고구마를 퍼주었고
바쁜 추수철에 서툰 솜씨로 벼 수확을 거들어드리자

환중이 어머니는 나 모르게 집세를 내주셨다

가끔 광주로 나가 후배들에게 일본어 강독을 하며
밤새 번역에 매달려 탈고를 마친 지 얼마 되지 않아
모진 고문 끝에 실토한 친구 탓에
도피 생활은 1년여 만에 끝났다
하지만 자자일촌을 이루어 모여 살던
환중이 동네 사람들은
난세를 이기는 지름길은
어려움을 함께 나누는 것임을 증거해 주었다

어린 나그네에게 말없이 따스한 밥을 내주시고
비바람을 피할 방을 구해주신 친구 어머니께
범인 은닉죄를 씌우려던 형사는
꾹 입을 다물고 조사실로 찾아온
아들 환중이에게 몇 달만 들어가 있으라고 하며
한참이나 흐린 경찰서 밖 하늘에서 눈을 떼지 못했다

차가운 무기 앞에 외롭게 놓인 친구를
차마 그대로 두고 볼 수 없어
두려움 없이 품으로 안아들여 준 환중이는
나와 함께 차가운 감방에 갇히는 것도 모자라
졸업을 앞두고 학교에서 잘리기까지 했다

오일팔 정신을 이어받은 젊은이들이
1987년 명동성당 길을 구름같이 메운 끝에
체육관 아닌 대통령 직접선거를 쟁취하고 나서야
환중이는 뒤늦게 학교로 돌아가 졸업장을 타고

학생들에게 바른 역사를 가르치는 교사가 되었다
그의 선한 눈을 보며
함께 기울이던 농주 맛이 지금도 간절하다

올봄에는 그의 유택에 한번 다녀와야겠다

맑은 물 지킴이 임낙평

저 수많은 젊은이들
돛대도 십자가도 없이 진 것은
단순히 저를 길러준 에미애비에게
선물 아닌 총부리를 겨눈 것을
탓해서는 아니었다
오직 돈만을 앞세워
매연 풀풀 내뿜는 공장을 짓고
병충해 막고 잡초를 잡는다는 명목으로
흐뭇하게 농약을 살포해
영산강에 눈멀고 척추가 사라진 물고기
죽어서 떠오르게 해서는 안 되기 때문이었다

상원이 형과 함께 광천동 야학
꼬박 밤새워 지키고
5월 18일 그날 계엄군의 장봉을
피 흐르는 등으로 견뎌냈지만
아까운 희생만을 남긴 채
5월 해방구가 침탈당한 날
그는 다시 총을 드는 대신
맑은 물 지키기에 몸을 던졌다

무분별한 농약 살포
몰래 버리는 공장 폐수, 축산 폐수로 죽어가는
영산강을 온몸을 던져 살렸고

도심 지나는 철길 걷어낸 자리에
아파트숲 쑥쑥 올리는 대신
시민들이면 누구나
맑은 공기 마시며 걸을 수 있는
산책길로 바꾸는 데 힘을 쏟았다

비록 그날 동지들을 따라
총 한 자루에 기대어 도청을 지키지는 못했지만
깨끗한 공기, 맑은 물 지키는 데
혼신의 힘을 쏟아
상원이 형이 마음속에 그렸던
좋은 세상을 만드는 데
온전히 그를 던졌다

청주의 의인 김창규

광주는 더 이상 남쪽 한 도시의 이름이 아니다
5·18은 더 이상 좁은 지역의 대명사가 아니다

신채호의 고향 충북 청주에 살던 김창규
광주에서 수많은 사람들이
군부 독재 철폐와 민주주의를 외치다
계엄군의 총탄에 희생되었다는 소식을 듣고는
광주의 진실을 담은 유인물을 청주 시내에 뿌렸다

그 덕분에 지역 계엄사에 끌려가
어디서 이런 괴문서를 받았느냐
누구의 사주를 받아
이런 유언비어를 마구 뿌렸느냐

책상 사이에 몽둥이를 걸고
무릎을 묶은 사람을 꿰어 돌리는
통닭구이 고문을 당하는 통에
그는 일생 동안 다리를 절름거려야 하는
씻을 수 없는 부상을 당했다

그래도 광주의 진실을 청주 고향에 알린 게
너무 기쁘다는 사람
목사 시인 김창규,
그는 광주의 진실을 삼천리로 나눈 전사다

절름거리는 다리 뒤뚱거리며
자신보다 더 아픈 자리를 찾아
방방곡곡 발품을 마다 않고 찾아가는
한의 사제 김창규를 보면
참사람이 되는 길 한 가닥
또렷하게 보인다

화순 탄광 무기를 시민군에 건네다

무등산 아래 너릿재 하나를 두고
광주에 한 형제처럼 붙어 있는 화순에서는
5월 19일부터 흉흉한 소문이 돌았다
광주에서 수많은 사람들이 계엄군의 총칼에 쓰러지고
시민들이 금남로를 가득 메웠다는 말들
꼬리에 꼬리를 물었지만 발만 동동 굴렀다

1980년 5월 21일, 사월초파일 '부처님 오신 날'
막힌 너릿재 탓에 광주로 바로 갈 수 없었던 청년들은
이러다 화순마저 계엄군의 개머리판에 찍힐 줄 몰라서
젊은 마음에 지역을 지키겠다고 나섰다
오동찬 씨 일행은 트럭을 몰고 능주파출소로 찾아가
시민들을 지킬 생각도 없이 달아난 경찰들을 대신해
무기고에서 총과 실탄을 챙겼다
이미 경찰들은 전부 도망가고 파출소 안은 텅 비어있었다

계엄군이 시민을 향해 발포해 애먼 사람들이
픽픽 쓰러져간다는 소문을 들은 스물여덟 청년 오동찬은
더 이상의 희생은 막아야겠다는 생각에
친구들과 함께 화순 탄광으로 달려가
버려진 카빈이며 M1 소총들을 수거했다
하지만 차마 총을 들 수 없어
광주로 가는 지프에 올라 광주 동구 학동 다리까지 갔다가
총 몇 자루와 탄약을 시민군들에게 전해주고 돌아왔다

거리에서 시민들이 마구 죽어간다는 소문에
겨레붙이로서 그대로 있을 수 없던 젊은이의
최소한의 분노 표시였다
그렇게 잊은 채 그해 5월은 아프게 지나갔다
화순에 돌아온 뒤 동찬 씨는 아무런 말도 하지 못했다
시민군에 합류해 함께 싸우지 못했다는 죄책감이 들긴 했지만
노모와 어린 동생을 생각하며 침묵했다
그렇게 동찬 씨는 광주에서 본 모든 것을 잊고 일상에 복귀했다

'쾅, 쾅, 쾅!'
1980년 6월 30일. 어머니와 어린 동생들과 함께 살고 있는 동찬씨 집에
누군가 이른 아침부터 문을 두드렸다
평범한 차림의 남성 셋이 동찬 씨를 찾았다
"실례합니다, 말 좀 물을게요. 혹시 김XX씨를 아세요?"
함께 다이너마이트를 싣고 광주에 다녀온 친구의 이름이었다
그때까지만 해도 동찬 씨는 5·18과의 연관성은 생각지도 못하고
그를 안다고 대답했다
그제야 남성들은 자신들이 경찰임을 밝히고
잠시 경찰서에 다녀오자며 동찬 씨를 차에 태웠다

그들이 향한 곳은 화순 경찰서. 서에 도착하자 경찰들의 태도는 180도 바뀌었다. 유치장에 동찬씨를 넣은 뒤 몸 곳곳을 몽둥이로 폭행했다. "야 이 XX들아, 간첩 놈들! 총 들고 니들 어디 다녔어?" 잠시 뒤 함께 광주에 다녀왔던 친구들과 선배도 하나둘 잡혀 오기 시작했다. 선배가 중국집에 숨겨둔 총기를 반납한 이후에도 폭행은 계속됐고 그 후 1개월 동안 구속됐다. 7월 말쯤, 상무대 영창으로 이감됐을 때는 군인과 경찰로부터 주먹에 맞아 눈가가 찢어지기도 했다. 동찬 씨는 군 법정에서 12년형을 선고받고 광주교도소에 수감됐다. 이후 대법원 최종심에서 6년으로 감형돼 수감 중

에 1981년 4월 3일 특별사면으로 석방됐다. 10개월여 만에 고향 집은 전부 망가져 있었다. 천장은 주저앉았고 물이 샜다. 벽면은 기울어져 폐허처럼 변해있었다.

"어머니께 이야길 듣고 깜짝 놀랐죠. 제가 경찰에 잡혀간 이후로 군인들이 와서 총기를 찾는다고 천장을 다 뚫고 벽을 다 깼다고 하더라고요. 그걸 어머니와 10살도 안 된 동생들이 나무로 막아서 살고 있었습니다."

이후로 동찬 씨의 삶은 지옥이 됐다
출소 후 경찰들의 통제와 감시는 계속됐고
고문 후유증으로 어깨를 펴지 못해 통증을 안고 살았다
육체적 고통보다 끔찍한 건 트라우마였다.
누군가 집 문 앞을 지나기만 해도 흠칫 놀라 솜털이 곤두섰다
등에선 식은땀이 흐르고 꿈에선 매일 경찰이 찾아왔다.
계속되는 두려움과 불안감을 잊기 위해 동찬 씨는 술을 찾기 시작했다
어머니께 효도하고픈 마음에 결혼을 하려 했지만
'폭도'라는 시선 때문에 국내 여성과는 결혼할 수 없었다
1996년에 중국 국적의 아내를 얻었지만
계속되는 알코올 의존으로 아내는 동찬 씨를 정신병원에 입원시켰다
정신병원에서 5~6년간 입원 치료를 하는 사이
당뇨로 투병하던 어머니는 세상을 떠났다
여동생 역시 당뇨와 고혈압으로 세상을 떴다

퇴원 후 아들과 아내는 동찬 씨를 만나주지 않았다
이후 아내의 요구로 이혼을 하게 돼 재판에 갔다가
조정에서 동찬 씨의 알코올 중독 병력 때문에 양육권도 빼앗겼다
전문하사로 입대한 아들이 보고 싶은 마음에 사진을 집에 걸어놨지만,
가끔가다가 아들의 사진을 보고도
5월 그때가 떠올라 심장이 두근거린다

청춘이 송두리째 망가진 오동찬 씨 집에는
대통령 명의의 민주유공자 증서가 담긴 액자와
만나지 못하고 있는 아들 사진이 유일한 장식품이다
1980년 그날, 동찬 씨와 함께 광주로 다이너마이트를 옮겼던
일행 13명 중 6명은 이미 알코올 중독과 자살로 세상을 떠났다

제가 낳고 기른 군대의 차가운 총구
시민들이 과녁이 되는 걸 볼 수 없어
스스로를 지키기 위해
죽어가는 이웃들을 위기에서 건지기 위해
무기를 들었던 사람들이 뒤집어쓴 굴레
이제 남은 사람들이 벗겨주어야 할 시간
그리 오래 남아 있지 않다

미 항공모함이 뜨던 날

광주 해방구가 이뤄진 지 사흘째
도청 앞 상무관에는 연일 관이 들어왔다
화순 쪽 주암마을에서 모내기 하다가
계엄군의 무차별 사격에 희생된 농부
담양으로 통하는 교도소 앞길 지나
집으로 돌아가다가 시민군으로 오인한
교도소 주둔군 조준 사격에 희생된
청년들의 시신 부패해 가는 냄새가 진동했다
시내 슈퍼 진열장은 텅텅 비고
계엄군이 광주 시민 고사 작전에 돌입했다는
흉흉한 소문이 라일락 향기 따라 떠돌았다

그때 전일빌딩 벽에 붙은 전단 하나
미국의 항공모함이 부산 앞바다에 떴고
이제 곧 전두환 일당을 응징하고
억울하게 탄압받는 친구 나라
형제들을 구할 거라는 소문이 떠다녔다
분수대에 오른 시민궐기대회 사회자는
마이크를 잡고 조금만 기다리자고 했다

하지만 미군은 끝내 따뜻한 손을 내밀지 않았다
항모에서 내려 부산 홍등가만 누비다가 돌아갔다
오히려 전두환의 쿠데타를 인정하고
북한이 도발하지 못하도록

압력 수단으로 미사일 사진만 보여주다
먼바다로 돌아갔다

머리끝에서 발끝까지
제 이익만 챙기는 데
혈안이 되었을 뿐
우방국 친구들이 당하는 고통
씻을 수 없는 상처에는
눈 하나 까딱하지 않는 친구
아메리카는 우리에게 누구인가

전두환을 불러 신무기 잔뜩 팔아넘긴 날
한 청년이 미 문화원에
자신의 온몸을 실은 화염병을 던졌다

시민군 안길정

5월 15일 시민대성회로
시민들에게 민주 회복의 꿈
고무풍선 부풀 듯 잔뜩 키워놓고
정작 땅의 사람들을 볼모로 한
화려한 휴가 작전 펼쳐지자
대학물을 먹고, 글깨나 읽은 사람들
씨도 찾아볼 수 없이 사라졌다
군사분계선을 뜬눈으로 지켜야 할 공수특전단
남녘에 빨갱이들이 득실거리니
보이는 대로 장봉을 마구 휘둘러라
굽히지 않는 자들에게는 총알 세례를 안겨라
유령이 내린 발포 명령으로
무구한 시민들이 피 흘리며 쓰러져도
누구 하나 가야 할 방향을 가리키지 않던 때
배운 자들 일제히 사라진 거리에
그는 홀연히 과녁 하나 들고
장례도 치르지 못한 사람들
중음신으로 떠도는 상무관 앞에 나타났다

퇴행성 관절염으로 부은 다리
돌보지 않은 채
김남주 형에게 배운 파리 콤뮨의 장관
광주 시민들의 힘으로 이룩했는데
이렇게 가만히 앉아 있을 수 없다며

전사들이 누운 상무관 앞에 앉아
볼펜으로 살아 있는 민중사를 기록하기 시작했다
YWCA 복판에 눌러앉아
광천동 야학 투사회보 팀과 함께
국민의 혈세로 전파를 내보내는
KBS와 MBC가 외면한 해방구 소식을
대자보에 담아 신문이 사라진 신문사 게시판에 걸고
소식에 목말라 시민궐기대회를 찾은 이들에게
철필로 긁은 등사판 신문을 배포했다

마침내 계엄군의 재진입 소문으로
분수대 앞이 숙연해진 26일 밤
그는 해방구를 사수할 시민군에 자원하여
도청으로 묵묵히 걸어 들어갔다
책도 졸업장도 던진 채
그가 밤새워 책의 행간에서 읽고
한 사람 손아귀에 놓여 뒤집힌 세상
비록 빈약하고 힘없는 사람들이
함께 모여 거대한 파도를 일으켜
깨뜨리고 사람 사는 세상 만들어야 한다고
옷고름을 풀어헤쳐 계엄군 앞에 내밀었다
그의 가슴속에 새긴 해방구의 장관
누구도 지울 수 없다

택시 운전사 노병호

1981년 뜨거운 여름을 서부서 유치장에서 보냈다
하루에도 몇 번씩 불쑥 불려가
박관현의 은신처를 대라
일 년 동안 누가 도피 자금을 댔느냐
추궁을 당하고도 입을 열지 않자
얼굴에 면 손수건을 씌운 채
정보과 형사들 둘은
내게 뒷수갑을 채우더니
코에 고춧가루 물을 숨 막히도록 부었다
그렇게 파김치가 되어 유치장에 돌아올 때마다
처진 어깨를 일으켜주던 친구 노병호
수많은 시민들의 희생을 딛고도
도청을 계엄군이 가져오지 못하자
애마인 택시를 몬 채
총탄을 뚫고 나아가 바리케이드를 허문 친구
후원자 없는 노동자라는 이유로
온 등이 터지도록 구타당하면서
누가 시켜서 살인을 저질렀느냐
누구를 만나 사상을 주입받았느냐
학생들보다 몇 배 더 가혹한 고문을 당했지만
자신은 온몸에 피멍이 들어 있으면서도
초죽음이 되어 돌아오는 나를 감싸
영장 연장으로 보름 너머 길어지는
경찰서 유치장 생활을 견디게 해주었다

그렇게 긴 짐승의 시간을 견디게 해준 친구
모진 고문으로 무릎이 망가져
다시는 택시 핸들을 잡지 못한 채
비틀거리는 친구
비록 핸들을 빼앗겼지만
영혼만은 총 앞에 굽힐 수 없다고
법정에서도, 또 다시 그 자리에 선다고 해도
애마를 몰고 시민들에게 총알을 마구 퍼붓는
계엄군에게 치달았을 것이라고
굳게 맨주먹을 쥐는….

광주의 불꽃 삼천리로 옮긴 신영일

노란 민들레 한 송이 본다
누가 애써 씨 뿌리지 않아도
꽃샘추위 이기며 박토에 뿌리 내려
따스한 미소 온몸으로 피우는
야생화 한 송이
돌계단 틈에 뿌리 내리면
오르내리는 발걸음이 가벼워지고
두엄자리에 뿌리 내려 피면
향기로운 거름이 되는

노란 민들레 한 송이에
신영일 군의 맑은 눈을 비춰 본다
25일 시민궐기대회 때였던가
계엄군 재진입 소문을 듣고
구름같이 도청 앞 광장으로 몰려든
시민들 속에 섞여 있다가
아들이 계엄군의 눈을 가린 무기 앞에
희생되는 걸 그대로 두고 볼 수 없다며
어머니의 손에 이끌려 돌아서던
그의 눈에 가득 고인 눈물
지금도 기억에 생생하다

그렇게 5월의 전사들과 운명을 함께하지는 못했지만
5월이 미완의 혁명으로 저문 후

우리가 두 눈으로 확인한 것은
비록 책을 들지는 않았지만
온몸으로 쇠를 달구며 살아가는 노동자들의 힘이라며
땀 흘리며 일하는 노동 형제들이 뭉쳐야
무기의 그늘에 눌린 세상 뒤엎고
참다운 민주주의의 새벽 열 수 있다며
그는 홀로 공장으로 향했다

거짓으로 가득 찬 책 던지고
살아 있는 대학과 공장이 하나가 될 때
세상은 바뀔 수 있다며
5월 이후 절망에 빠진 친구들을 격려하고
노동 형제들과 단단한 끈으로 엮는데
혼신을 다해 나아갔다

비록 거대한 무기 앞에
5월은 잠깐 무너졌지만
그렇게 위대한 것이었다
세상을 바꿔 가는 데 무엇이 소중한지 일러주고
젊은 청년에게 자기 앞에 놓인
작은 행복을 헌신짝처럼 던지고
거대한 흐름에 자신을 던지게 만들었다

노란 민들레처럼 낮고 어두운 곳들을 떠돌며
거짓의 책을 던진 친구들을
노동 형제들과 하나로 엮는 일에
온몸을 던지던 그는
새롭게 열리는 세상이 두려워 떨던

경찰이며 정부의 뜨거운 추적 끝에
차가운 감방에 던져졌고
온몸으로 5월의 진실 규명 외치다
아깝게도 절명했다

하지만 그의 뜻 헛되지 않아
그의 뒤를 따라
수많은 친구들 책을 던진 채
노동 현장으로 투신하여
깨끗한 새벽을 여는 별이 되었다

5월은 죽음을 넘어
참인간이 되는 길 열어 주었다

사진 한 장
-재단사 출신 시민군 L군

어떤 돌팔매질에도 끄떡없는 방석모에
심연을 모를 흉계를 숨기고 있는 듯
눈만 내놓고 코에서 턱까지
푹 눌러쓴 복면을 본다
비바람 눈보라는 거뜬하게 이기고도 남는
야전 코트를 걸친 그를 보면
영락없는 입산 수년째 되는 반군 병사다

하지만 두터운 금형을 떼어낼 때
비로소 부드러운 속살을 드러내는 유리병처럼
복면을 벗고 칙칙한 코트를 벗어던진 사람은
손목이 유난히 길고 앳된 청년
충장로에 있는 양복점에서
재단 기술 익히기에 여념이 없던 열일곱 청년이었다

북적거리는 손님들로 발 디딜 틈 없던
양복점 문 꽁꽁 닫히고
열기 활활 타오르는 금남로에 나갔던 형들이
속속 피투성이가 되어 들어왔다
주인마저 시골로 몸을 피해버린 마당에
배고픔을 달랠 곳이 마땅치 않던
평범한 청년은 거꾸로 가는 세상을 바로잡기 위하여
자신도 모르게 총자루를 쥐었다

눈앞에서 계엄군이 무장하고
죽을 때까지 시민들을 구타하는 것을 보며
이것은 아니다라는 생각에
동네 형들을 따라 기동타격대에 합류하여
마지막까지 도청에 남은 최후의 시민군이 되었다
계엄군이 재진입하며 마구 휘두른 총검으로
손가락 절단, 안면 함몰, 갈비뼈 골절 등의 중상을 입고
병원이 아닌 상무대 영창으로 끌려갔다
누구의 지시로 총을 잡았느냐
북한에 간 친척이 없느냐 몇 명이나 죽였느냐
온갖 고문과 구타를 당해 실신하고 말았다

눈을 떠보니 국군통합병원이었다 33일 만에 퇴원해 상무대 영창으로 돌아왔지만 치료는커녕 또다시 지옥과도 같은 고문과 취조가 이어졌다 결국, 빨갱이의 사주를 받아 국가전복과 내란 공모에 가담했다고 기소되었다

그는 41년이 지난 지금까지도 눈앞에 나타나는
환각 증세에 시달리고 있다
계엄군의 헬기 기총소사, 탱크와 군홧발 소리,
동지들의 절규와 신음소리가 귀청을 때리고
환청에 시달리는 트라우마로 신경정신과 치료를 받고 있다

꽃다운 청춘의 혈기로
어려움에 처한 이웃들을 구해야 한다는 생각으로
어린 나이에 시민군이 되어
총과 주먹밥을 맞바꾸며 지낸 청년

누구도 그에게 고맙다는 말 한마디 건네지 않았다
어디에도 이력서 한 장 내밀지 못하도록 막았고
한 사람의 불행에 그치지 않아
온 가족에게 미행의 검은 그림자가 따르고
어디 기댈 데 없어
가출한 아이들은 소식도 없다

그런데도 5·18 유공자라는 종이 한 장
쑥 던지고 사라졌을 뿐
온몸으로 이 나라의 민주주의를 지킨 청년을
모른 체하고 등 돌린 너는 누구냐?

제2부
꺼지지 않는 불씨

광주 콤뮨 1

계림동 녹두서점에서 김남주 형이 전남대 후배들에게 파리 콤뮨을 강독하다 냄새 맡고 덮친 충견들을 피해 부랴부랴 몸을 피한 밤, 붉은 물을 뒤집어쓰는 게 얼마나 무서운지 보았다. 가난한 어린애들을 학교 아닌 탄광으로 보내고, 그 등에 올라탄 세금으로 마리 앙트와네트의 물방울 다이아를 사는 세상과 벽을 쌓기 위해 파리지앵들은 썩은 정치에 맞서 공동체를 만들었다. 박정희의 손발이 된 정보부며 경찰은 그런 파리 콤뮨을 공산당으로 몰아 남주 형을 한밤중에 덮쳤지만 뜨거운 입김을 느낀 형은 직전에 서울로 가는 열차를 탔다.

그렇게 남주형이 사라진 지 3년 만에 우리는 광주에서 또 다른 콤뮨을 만났다. 화려한 휴가를 맞기 위해 공수특전단이 눈을 가린 채 시민들에게 마구 곤봉을 휘둘렀다. 차마 아랫목에서 잠 이루지 못한 시민들이 억울한 영혼을 신원하기 위해 금남로로 구름같이 몰려들자 계엄군은 저격병을 배치해 총알 세례를 퍼부었다. 마침내 시민들이 제 에미애비를 저버린 계엄군에 맞서 파출소 무기고에서 꺼낸 카빈총으로 응사하자 속수무책 금남로에서 철수하였다. 그렇게 광주 시민들은 거대한 역삼각형의 권력에 맞서 단 일주일의 공동체를 만들었다.

가게마다 라면 상자들이 쌓여 있었지만 누구 하나 훔치지 않았다. 민주주의의 뿌리를 흔드는 악마의 손을 뿌리치기 위하여 카빈총 하나 거머쥐고 화순, 나주, 송정리에서 몰려든 시민군들에게 도청 앞 황금동의 누이들은 기꺼이 대문을 열고 아랫목을 내주었다. 적십자 완장을 차고 부상자들에게 다가가다 계엄군의 기총소사로 쓰러진 청년이 입원한 적십자병원 앞에는 헌혈 행렬이 수백 미터씩 늘어섰다. 그렇게 하나 되어 나누고 치유해

가며 함께 살아가는 광주 콤뮨의 모습 지금도 눈에 선하다.

 남주 형이 그리던 파리 콤뮨의 모습은 무엇일까. 붉은 물 걷어내고 하얀 철쭉꽃 만개한 해방구 되찾고 싶다.

광주 콤뮨 2

광주로 닿는 길목 길목
마치 페스트 퍼진 도시처럼 차단했지만
광주는 하나도 외롭지 않았다
집으로 가는 길
착검을 한 군인들이 가로막고
새벽마다 가게 문 두드리던 수송 트럭
꽁꽁 발이 묶였지만
누구 하나 사재기하는 사람이라곤 없었다

꽃 같은 아들 군대에 보낸
황금동의 어머니들은 대문 활짝 열고
아랫목 뜨겁게 덥혀
집으로 돌아가는 길 막힌
시민군 청년들을 제 자식처럼 재웠다

조개탄 뜨겁게 피워 신새벽 덥히고
뜨거운 국밥 일하는 사람들에게 내던
대인시장 토박이 어머니들
유탄 핑핑 날아다니는 가운데서도
가게 문 활짝 열었다
제 자식 먹이는 마음으로
돈 한푼 안 받고
해방구 지키는 시민들에게 주먹밥을 나누었다

시민군 차량이 계엄군 총성 흉흉하게 들리는
화순 너릿재 아랫마을 들를 때마다
마을 어머니들은 제 피붙이를 만난 듯
시원한 물을 한 바가지씩 안겼다
고갯길 돌아 멀어질 때까지 손을 흔들었다

억울하게 희생된 시민들의 비원
하늘에 깨끗하게 닿기까지
제 아들 곱게 지키려는 어머니의 마음
광주 해방구를 지킨 힘이었다
하나 된 마음이 광주를 지켰다
차가운 탱크를 밀치고
광주를 넘어 삼천리의 봄을 지켰다

금남로 대회전 1

5월 20일, 구죽죽 비 내리는 봄날
사람들은 금남로4가 한일은행 사거리로 모였다
나서서 큰소리로 외치는 사람 없어도
어제 꽃같이 진 이웃들을 가슴에 품은 채
하나둘 총구도 두렵지 않게 헤치며 모여들더니
정오를 넘기면서 거대한 인간띠를 이루어
계엄군을 가톨릭센터 위로 밀어붙였다
마침내 시민들은 거대한 파도가 되어
도청을 향한 진군의 대열을 이루었다
어제까지 금남로에서 광주 공원에서 화순 너릿재를 넘다가
저를 길러준 부모형제를 향해 겨눈
계엄군의 비정한 총탄에 희생된
이웃들의 억울한 죽음 신원하기 위해
계엄군에게 점령당한 도청을 향해 치달았다
이무기의 꼬리같이 긴 대열을 이룬
시민들의 거대한 물결
가슴을 버린 계엄군은 조준 사격하여
앞자리에 선 시민들을 쓰러뜨렸다
억울한 죽음이 늘어날수록
시민들의 대오는 금남로를 가득히 메워갔다
맨손으로 저항하던 시민들
마침내 아시아자동차에서 징발해온 장갑차에
어린 학생들이 올라타고 진군했다
총탄이 날아와 그들을 쓰러뜨리고

어린 학생이 쓰러지면
이내 다른 학생이 태극기를 가슴에 품은 채 올라서고
계엄군은 다시 조준사격으로 쓰러뜨리고
다른 학생이 또 올라서고…
안타까운 공방은 계속되었다
얼마의 시간이 흘렀을까
시민의 발이 되어 시내를 누비던
택시 기사와 버스 기사들이
시민들을 가르고 계엄군을 향해 치달았다
마침내 계엄군의 바리케이트가 무너지고
시민들은 한 발자국 도청 앞으로 나아갈 수 있었다

금남로 대회전 2

그날 비로소 귀가 해진 성경에서 꺼낸
다윗과 골리앗의 싸움을 보았다
귀를 먹먹하게 막아 버리는 소음 흩뿌리며
도청 앞 분수대를 빙빙 도는 헬리콥터
백마고지 공격에라도 나선 듯
중무장한 장갑차 연방 시민들 앞으로 치닫고
겨레붙이의 따스함이라곤 한 점도 남아 있지 않은
계엄군 앞에 서서
맨주먹을 들어 빼앗긴 잠자리를 돌려달라고 외치던 청년
그는 무거운 책가방을 멘 대학생이 아니었다
화려한 색상의 넥타이를 맨 샐러리맨도 아닌
번듯하게 꿀잠을 이룰 방 한 칸 갖지도 못한 떠돌이였다

곳간에 쌓아둔 것 많은 사람들
지켜야 할 회전의자 높은 사람들
시골집으로 꼭꼭 숨고
지킬 것 없는 구두닦이
일자리를 빼앗긴 자동차 공장 노동자들
이웃들 억울하게 비명에 간 금남로를 지켰다

비단 오늘이 아니라도
전라도는 흰 뼈 드러난 유배지
윤선도는 파도의 거친 갈기에 휘말려
외지인들 발길 작두날에 자른 듯 끊어진

보길도에서 생을 마쳤고
다산 정약용은 땅끝 가까운 강진에서
위리안치 당한 채
벼슬길이 막힌 처지에서
백성 위하는 법 담긴 목민심서를 썼다

서울로 가는 길 첩첩한 가운데
구름같이 몰려 있는 소작농들 허다해서
풍년일수록 더욱 많이 빼앗기는 배고픔에 맞서서
암태도 농민들은 소작 쟁의로 맞섰다
심지어 해방 후 목화솜을 틀어 무명베를 짜던
전남방직 주인 김무성의 선친도 부산 사람이었다

이렇듯 바닥에서 온몸을 부려
생의 자리를 지켜온 민중의 후예들
제 한 몸 아끼지 않고
겨레붙이와 등 돌린 저버린 곤봉과 총알에 맞서서
계엄군이 더 이상 짓밟지 못하도록 광주를 지켰다
수많은 민초들을 죽음의 구렁텅이로 내모는
한 줌도 안 되는 정치군인들에 맞서서
순교의 정신으로 새벽이 오는 길 지켰다

금남로 대회전 3

5월 21일 오후 3시쯤의 일이다
도청을 향한 진군 대열에
장갑차에 올라 도청으로 진군하던
청년들 저격병의 총탄에 속속 떨어지고
계엄군의 바리케이드 향해 치닫던
택시와 버스들이 종잇장처럼 구겨진 채
피투성이가 된 운전자들이
계엄군에게 속속 끌려갔다
이대로 시민들의 항쟁은 끝나는가 싶었다
그 순간 어디선가 날아든 카빈 소총 소리
드르륵 쏟아지는 캐리버50 기관총, M16 자동소총 소리와 다른
단발 소총 소리가 들려왔다
따콩 따콩 따콩따콩
육이오 때나 쓰던 카빈, M1 소총을 든 시민군이
한국은행 광주지점 4층에 올라가
도청 쪽에 은폐한 계엄군을 향해 응사했다
시민들이 이웃들의 억울한 죽음을
그대로 두고 볼 수 없어
화순, 해남, 나주 등 시외지역으로 진출한 시위대는
지역 주민들에게 광주의 참상을 알리고
경찰 등이 채 단속하지 않고 달아난
지서, 예비군 대대, 화순 탄광 무기고를 징발해
접적지역 총격을 피해 광주로 돌아왔다
탈취해온 낡은 총기로나마

계엄군 저격병을 향해 응사한 것이다
시민들 사이에서 총소리가 쏟아지자
계엄군은 더 이상 버티지 못한 채
도청 안으로 피해 들어갔다
민심의 파도는 그만큼 거스를 수 없이 거대했다
지역 불량배, 바닥 노동자, 부랑아 등
더 이상 기댈 데 없는 사람들은
겨레붙이들에게 차가운 총구를 겨눈 계엄군에게
한 발도 물러서지 않고 맞서서
민심을 버린 사람들을 과녁 삼아
죽음을 무릅쓴 채 온몸을 실어 응사했다
그렇게 이심전심으로 시민군이 조직되었다
겨레붙이를 저버린 음흉한 권력에 맞서서
이룩된 일주일의 광주 해방구를 지킨 시민군
변변한 사격법 한번 배우지 않은 조직이었지만
항쟁 기간 내내 단 한 발의 오발사고도 없었다
민심을 저버린 권력은
국민 모두의 과녁이 될 수 있다는 것을
광주 시민군은 만방에 분명하게 증거하였다

전남대 정문 앞 혈전

"5월 18일 0시를 기해 전국에 비상계엄이 선포되었습니다!"

새벽 5시 라디오에서 아나운서가 숨찬 목소리에는
옆구리를 총구로 찔린 듯한 섬뜩함이 묻어 있었다

언제 들이닥칠지 모를 군대로부터
학교를 지키기 위하여
빈 강의실에서 뜬눈으로 지새울 친구들을 지키기 위하여
숟가락을 뜨는 둥 마는 둥 학교로 갔다

교문 앞에서 마주친 건
보고 싶은 친구들의 얼굴이 아니라
차갑게 닫힌 교문과
총을 든 채 지키는 계엄군이었다

아침 9시가 넘자 하나둘 모여든 친구들
계엄군에게 다가가 교문을 열라고 말했다

우리는 모르는 일이니 집으로 가세요
처음에는 장교가 나서서
웃는 얼굴로 말하더니
학생들이 수십 명씩 모여들어
교문을 열 것을 요구하자
급했던지 M16 소총에 대검을 꽂은 채

같은 또래의 젊은이들을 내몰았다

교문 앞에 수백 명의 학생들이 모여들어
박관현 등 학교에 있는 친구들의 안부를 묻자
수십 명이나 몰려나온 군인들은
착검한 채 학생들을 향해 달려들었다

같은 피가 흐르는 핏줄이라는 것
함께 꿈을 꾸는 젊은이라는 건
얼마나 헛된 망상인가

급작스런 사태에 몇몇 학생들은
대검에 찔려 피를 흘려야 했고
몇몇은 제 키가 넘는 담을
서커스 단원처럼 뛰어넘어
계엄군의 차가운 칼끝을 피했다

전남대 정문과 사레지오고 사이
비좁은 거리에서 그저 명령에 따를 뿐인
허수아비들과 몰려가고 밀려나는 공방을
지루하게 벌이는 건 무의미했다
상처를 딛고 모인 2백 명의 젊은이들은
시민들과 하나 되기 위하여
스크럼을 단단히 짠 채 금남로로 향했다

죽음이 두렵지 않은 헌혈 행렬

남광주시장 지나 금남로로 통하는 불로동길
도청을 앞에 두고 시민과 계엄군이 공방을 벌이는
금남로로 진출하려는 시민들로 붐볐다
한 사람이라도 더 금남로로 가
거대한 파도를 이룬 시민들과 하나가 되려 했지만
동구청 앞을 가로막은 계엄군은
무차별 사격으로 시민들의 발을 묶었다
한 청년이 쓰러지자
적십자 완장을 두른 소녀
총탄에 쓰러진 청년을 향해 달려갔다
적십자병원 앞은 그런 숭고한
헌혈 대열이 광주천을 따라 이어졌다

계엄군이 철수를 앞두고 마지막 공세를 퍼붓던 날
술집이 밀집한 황금동에서 도청으로 통하는 길목
시민 시위대에 합류하려고
젊은이들이 길을 건넜지만
빌딩 곳곳에 숨은 계엄군 저격병들은
무차별 총알 세례를 퍼부었다
한 젊은이가 쓰러지자
적십자 완장을 찬 한 청년이 총탄을 뚫고 다가갔지만
눈을 가린 계엄군은
적십자 완장도 개의치 않고 조준 사격했다
마침내 총알에 쓰러진 남녀들이 서로 붙들고

광주천 옆 적십자병원으로 몰려들었다
황금동 유흥주점에서 술을 따르던 여자들,
병원 청소부로 일하던 아저씨도
하나같이 헌혈을 하겠다고 팔을 걷어붙였다
죽음을 두려워하지 않으면서
따뜻한 피를 이웃들에게 나누려고
총탄 세례를 뚫고 적십자병원으로 가는 사람들
그 길고 긴 꼬리가
이웃들을 하나로 엮어 광주를 살렸다

다같이 시민군

도청에서 출발하는
보급 버스를 타고
드들강 굽이치는 효천마을로 갔다
밤샘 하며 카빈을 든 채
대치하는 시민군들에게 주먹밥을 나누고
해방구의 중심 도청을 사수할
시민군 지원자를 모집하기 위해서였다

막 모내기를 끝낸 들에는 초록이 무성했지만
청년들은 찾을 수 없었다
이미 시민군에 자원해 가거나
계엄군의 총끝을 피해 숨어 지내기 때문이리라

그런데 웬일인가
보급 버스가 마을로 들어서기 무섭게
동네 아낙들이며 처녀들이 몰려나와
한 소쿠리씩 김밥을 건네고
물동이 가득 시원한 물을 가득 채웠다가
버스에 탄 시민군들에게 건넸다
폭염으로 후끈해진 늦봄이 금세 시원해졌다

계엄군 주둔지가 멀지 않았는데도
아랑곳하지 않고 한마음이 된 시민들은
사람 사는 세상을 열망하고 있음을

온몸으로 보여주었다

그 힘으로 광주 시민들은 하나가 되어
미국산 탱크와 기관총, 살상용 M16으로 중무장한
계엄군을 거뜬히 이겨냈다
열린 시민군 버스 창으로
주먹밥과 물 바가지를 든 채
계엄군 저격병도 두렵지 않은 듯
팔 높이 들어 건네주는 시민들
총으로는 민심의 도도한 강을 막을 수 없음을
분명하게 보여 주었다

광주 버스터미널 대전

분수대 앞 진헌성내과 담을 넘어온
라일락이 핏빛 가깝게 물들었다
부마항쟁을 탱크와 눈을 가린 곤봉
살의를 띤 자동소총으로 제압한 군대는
시민들이 많이 모이는 걸 꺼렸다
5월 19일 궂은 비 내리는 오후
전날 억울하게 비명에 간 이웃들을 추모하며
시민들이 하나둘 모여들어
대인동 버스 터미널 일대는
차 아닌 사람으로 메워져 버렸다
계엄군은 터미널 안으로 난입하여
기약 없이 늦춰진 버스를 기다리는
젊은이들을 발견하고는 마구 장봉을 휘둘러
금세 피투성이가 되게 했다
자신의 동료쯤 되어 보이는 친구들을 향해
묻지도 보지도 않은 채 몽둥이를 휘두르고
총에 꽂은 칼을 휘둘러
터미널 일대를 아수라장으로 만들었다

이때 낡은 수레를 끌며 나타난 짐꾼 김씨
달북 하나 품에 안은 채
계엄군에 쫓겨 밀려나는 시민들 앞에 섰다

계엄군은 물러나라!

국민이 주인이다!

외마디 외치며
터미널 일대에 피바람 일으키던
계엄군을 향해 나아가자
흩어져 가던 사람들이 돌아서서
짐꾼 김씨 주위에 거대한 성이 되었다
김씨가 달북을 치며 절름거리는 다리도 마다 않고
앞으로 비틀비틀 나아가자
흩어지던 사람들 하나둘 모여들어
마침내 거대한 인간 장벽을 이루어
계엄군을 향해 한 걸음 한 걸음 나아갔다

마침내 짐승의 눈을 한 채
화려한 휴가를 얻기 위해
마구 총검을 휘두르던 계엄군도
더 이상 버티지 못한 채
광주역 쪽으로 물러나다
마침내 군용트럭을 몰아 철수했다
사람들은 터미널 안에 쓰러진
젊은이들을 제 피붙이라도 된 듯
따뜻하게 안아 들것에 눕히고
가까운 병원으로 달려갔다

달북을 치며 느릿느릿 걸어가던 사람들
계엄군이 허물 수 없도록
거대한 인간의 성을 만들었다

아시아 자동차공장을 징발하다

도청 앞에서, 시민들의 발이 묶인 광주역에서
수많은 시민들이 총탄에 쓰러졌지만
거꾸로 폭도들이 난동을 부린다고
거짓 방송을 해대던 KBS가
한밤중에 불길에 휩싸였다
그래도 계엄군이 민의의 심장부 도청을 비우지 않자
21일 아침부터 금남로는 분노한 시민들로 메워져 버렸다
시민들의 대오가 이무기처럼 늘어나
가톨릭 센터 앞 바리케이드를 훌쩍 넘어뜨리자
계엄군은 기관총을 장착한 APC 장갑차로
금남로를 달려 시민들을 해산시키려 들었다

하늘에서는 헬기가 낮게 떠 빙빙 돌며
총으로 옆구리를 찔린 도지사가
시민 여러분 폭도들에게 현혹되지 말고
집으로 돌아가십시오
선무방송을 하다가 바리케이드 넘어
시민이 전일빌딩 앞으로 진출하자
다급하게 헬기에서 기관총을 연거푸 쏘아댔다

하지만 그것으로 시민들이 두려움에 떨며
물러설 것이라고 본 것은 오판이었다
눈을 가린 장갑차로 파도가 갈라지듯
흩어졌던 시민들은 더욱 불어나

다시 길고 거대한 이무기의 꼬리를 만들어 버렸다

정오 넘어서는 도청 앞에서 애국가가 울려 퍼지더니
시민들 사이를 뚫고 장갑차 한 대가 도청으로 나아갔다
계엄군 장갑차와 같은 모양이었지만
해치 위에 올라선 젊은이가
가슴에 태극기를 펼친 채
시민들의 물결을 타고 나아갔다
군용차를 생산하는 아시아자동차에서 징발해온 장갑차였다
국민에게 등을 돌린 채 발포를 서슴지 않는
군대를 차마 그대로 두고 볼 수 없었던
노조원들이 공장 문을 열어
군용트럭이며 짚, 장갑차 등 수십 대를 내준 덕분이었다

큰 물길 아무리 막아도 제 길을 찾아가는 법
광천동 군용 자동차공장에서 잠자던 차들은
화순에서 송정리에서 담양에서
카빈총으로 무장한 시민군의 발이 되었다

오후 1시 다급해진 계엄군은
시민들을 향해 무차별 발포를 시작했지만
무장한 시민군이 장갑차로 바리케이드를 넘어
진출하여 분수대를 돌아오고
고층으로 올라간 시민군들이 대응 사격에 나서자
더 이상 버티지 못한 채
도청을 비운 채 조선대학교 뒷산으로 물러났다

시민들의 발이 되어 광주 일원을 누비는

아시아자동차의 군용 트럭이며 짚들
마음먹기에 따라서
차갑고 인정머리 없는 무기도
얼마든지 시민을 감싸서 지키는
든든한 동반자가 될 수 있음을
분명하게 보여 주었다

꺼지지 않는 불씨

다윗과 골리앗의 싸움은 멀리 있지 않았다
5월 27일 새벽 도청 진입작전에 나선 계엄군은
겨우 카빈 소총 한 자루씩을 쥐고
광주의 진실을 알리기 위해 도청을 지키는 시민군들에게
마치 고지 점령이라도 나서듯
YWCA 사수대에 기관총을 갈겨 쑥밭으로 만든 다음
사방에서 도청에 비 오듯 총탄을 퍼부었다

상황실을 지키던 상원이 형은 계엄군의 조준사격
여러 발을 맞고 절명하였다
온몸에 유탄이 박히는 아픔을 이기며
친구 사이 이양현 형과 김영철 형은
상원이 형이 춥지 않도록 이불을 덮어준 다음
유리창에 카빈을 걸고 응사했지만
독한 최루탄을 던지며 자동소총을 갈겨대는
진압 작전에 나선 계엄군을 이길 수 없었다

그렇게 열흘간의 광주 해방구는 와해되었지만
누구도 계엄군이 승리했다고 믿는 사람은 없었다
상원이 형의 죽음은 뜨거운 발화점이었다
부산 앞바다에 항공모함을 띄워 놓고도
외적을 막도록 쥐어준 총칼을
제 겨레붙이들을 향해 휘두르도록 수수방관한
미국을 다시 봐야 한다는 목소리들이 터져나와

마침내 광주와 부산에서 미국문화원이 불탔다
거대한 무기와 맞서서 열흘의 해방구를 건설한
땅의 사람들의 무한한 힘을 발견한 노준현은
고개 수그린 강의실을 버리고
하남공단 노동자가 되었다

5월 25일 분수대 앞에 나와
지친 시민군들이 무기를 반납하는 걸 보면서도
차마 무기를 들 수 없었던 신영일은
거짓의 책을 던지고 전국을 떠돌며
깨어 있는 청년들에게 광주를 알리고
다시 뭉친 민초들이 거대한 무기를 넘어
사람다운 세상을 만드는 길에 나섰다
불온한 사상자로 낙인찍혀
번번이 대학 문턱에서 좌절했던 김상집은
뒤늦게 대학에 들어가 수의사가 되어
항생제로 병드는 동물들을 구하고
사람들이 바이러스의 숙주로 변하는 걸 막았다

국민의 눈을 가리고 귀를 틀어막은 채
체육관에서 대통령을 뽑아서는 안 된다고
최루탄과 차가운 감옥을 마다하지 않으며
대학가에서 일터에서
수많은 젊은이들이 외친 끝에
거수기들만 모인 체육관 아닌
국민들의 직접 투표로 대통령을 뽑는 세상이 되었다

상원이 형은 아까운 청춘을 던져 먼저 갔지만

형이 미처 다 가지 못한 길
남은 사람들이 묵묵히 이어서 갔다
그가 남긴 뜨거운 불씨는
도화선을 타고 삼천리에 번져
무기의 음습한 그늘을 박차고 나아갔다

계엄군의 재진입 음모

5월 21일 계엄군의 철수는 거짓이었다
총 몇 방 쏘면
흩어질 줄 알았던 시민들
거대한 파도를 이루고
제 에미애비에게 등 돌린 군대를 향해
카빈 소총으로 응사하기 시작하자
계엄군은 곳곳에 배치한 저격병들을 거두어
화순 너릿재 너머
담양 방면 교도소 너머로 철수하였다
아니 철수 아닌 광주 포위 고립 작전에 돌입하였다

익명으로 살아가는 시민군 틈에
프락치를 심어 독침 사건을 일으키고
지친 시민군들 사이에서
무기를 회수하고 계엄군과 협상해야 한다는
목소리가 곳곳에서 새어 나왔다

와해될 뻔한 시민군에
윤상원 형이 대변인으로 가세했지만
지치기 시작한 시민군이
중무장한 군대와 대적하기는 어려웠다

25일 들어 계엄군은 호시탐탐
화정동이며 담양 쪽에서 탱크를 몰고

재진입을 시도했다

제헌의원 출신 이성학 장로가
팔을 걷어붙이고 나선 것은 이때였다
깨진 협상장을 나서자마자
탱크의 캐터필러를 굴리며
화정동 고개를 넘어오는 계엄군 탱크 앞에
일흔이 넘은 이 장로는
제 몸을 딛고 가라며 드러누우셨다

덕분에 시민군은 전열을 가다듬고
시민궐기대회를 열어 새로운 시민군을 모집하고
마지막 결전을 준비할 수 있었다

마지막 방송자 박영순

새벽 3시, 흉흉하게 들려오는 계엄군의 재진입 소식에
말똥말똥 잠이 깨어 있었다
그때 스산한 새벽 공기를 깨뜨리며
들려오던 젖은 목소리의 확성기 소리

"시민 여러분, 계엄군이 몰려오고 있습니다
도청으로 나와 주십시오
총을 소지하고 계신 분은
계엄군이 발포하기 전 총을 쏴서는 안 됩니다
우리는 끝까지 싸울 겁니다
시민 여러분, 우리를 잊지 말아 주시기 바랍니다"

시민군의 가두방송 차에서
흘러나오는 소리인 줄 알았더니
전남도청 1층 상황실 옆 방송실에서
스무 살의 젊은 여대생
박영순 씨가 온힘을 다해 내보낸 방송이었다

모로 누운 잠자리에서
부르르 손을 떨며 뛰쳐나가려 하자
친구 상집이 모친께서
위험하니 새벽까지 기다려 보라며
손을 잡아주시던 기억이 생생하다

"시민 여러분 계엄군이 몰려오고 있습니다
지금 도청으로 나와 주십시오
우리는 끝까지 싸울 것입니다
우리를 잊지 말아 주십시오"

뒤이어 빠방팡 빠방팡 팡팡
콩 볶듯 기관총 소리와
계엄군의 격전 소리가 하늘을 뒤흔들었다

방송실 옆 상황실을 지키던
상원이 형이 계엄군의 집단 발포에 쓰러지고
물밀듯 몰려든 계엄군에게
박영순 씨는 방송을 채 마치지 못한 채
마이크를 빼앗기고 체포되었지만
그녀가 거대한 탱크 앞에서도 굴하지 않고
마이크를 놓지 않았던 기억 생생하다
민심을 저버린 무기는
결코 펜을 이길 수 없다고 말해준다

제3부
무명 전사

도청 사수한 시민군 김인환

인환이는 입대를 앞둔 친구들 몇이
고향 여수로 돌아가는 길을 배웅할 생각으로
대인동 시외버스 터미널을 찾았다
하지만 기다리던 버스는 끊기고
발을 동동 구르는 시민들 앞에 나타난 공수 특전단은
퇴로를 막은 채 장봉을 마구 휘두르며
이유도 대지 않고 예고도 없이
항의하는 시민들을 총검으로 찌르기 시작했다
시민들은 드럼통에 불을 피우며 맞선 끝에
계엄군을 도청 쪽으로 한 블럭 몰아냈다

터미널에서 저를 길러준 국민에게 등을 돌린 채
계엄군에게 짐승의 눈을 본
전남대 공대생 김인환은
귀향을 포기하고 시민군이 되었다
시민군 트럭에 올라탄 김인환은
시내 구석구석을 돌며
시민들에게 살인마들을 쫓아내고
평화로운 세상을 만들자고 외쳤다

계엄군의 재진입을 저지하느라
며칠이고 뜬눈으로 밤을 새다 지쳐 쓰러진
선배 시민군들의 무기를 회수하고
계엄군 저격병이 얼씬도 못 하도록 지켰다

하지만 전두환 군부의 허수아비 국무총리 대행은
광주에 발 하나 들여놓지 않은 채
송정리 공항에 머물면서
폭도들은 무기를 내려놓고 항복하라는 전단지만 뿌려댔다
무작정 무기를 내려놓는 게 잘못된 일인 줄 안 그는
국민들의 뜻이 하늘에 닿아야 한다는 마음으로
내려놓았던 총을 고쳐잡았다

26일 계엄군의 재진입 소식이 들리자
두려움으로 물러서는 대신
도청으로 들어가 총을 쥐었다
27일 새벽 도청 뒤쪽 수비를 서다가
헬기에서 밧줄을 타고 내려오며
총알을 퍼붓는 계엄군에게 맞서다가 체포되어
지붕에서 내려온 즉시 군화에 사이고
개머리판에 맞아 정신을 잃었다
그는 국민의 모습이 어때야 하는지
온 세상을 향해 보여주었다

한 사람의 손아귀에 세상을 쥐기 위해
저를 낳아준 국민들을 향해
마구 총구를 난사하는
정치 군인들의 망동을
온몸으로 막았다는 이유로
정든 강의실을 빼앗기고
입사 시험 기회마저 박탈당한 채
학원을 전전하며 살아야 하지만

그는 다 버릴 때
정말 값진 것을 가질 수 있다는 걸
상처투성이 온몸으로 증거하였다

도청 사수한 시민군 서호빈

계엄군의 광주 재진입을 앞두고
26일 밤 시민군들은 마지막 대동회를 열었다
총을 치켜든 상원이 형은 말했다

우리의 의지는 확고하다. 전두환 살인마가 우리 부모형제들을 무차별 살육하고 있다. 오늘도 공수들이 암매장한 시신들을 찾아왔다. 소식을 모르는 행방불명자들이 이미 수천 명이 넘는다. 자유와 민주를 위해 싸우다 비통하게 숨져간 열사들의 숭고한 뜻이 헛되지 않도록 우리는 총을 들고 싸워야 한다. 광주 시민들의 생명과 재산을 보호하기 위해 시민군이 되고자 여기 모인 여러분들을 열렬히 환영한다. 우리는 전두환 살인마가 즉각 비상계엄을 해제하고 정치 일정에 따라 민주 정부를 수립할 때까지 싸울 것이다. 외신기자들은 손가락 세 개를 펴 보이며 앞으로 3일간만 더 버티면 전두환은 물러날 것이라고 하더라. 민주 정부가 수립될 그날까지 끝까지 투쟁하자."

이제 결단의 순간이 왔다
우리는 끝내 승리할 것이다
죽음이 우리들을 갈라놓을지도 모른다
옥쇄할 각오로 끝까지 싸울 사람들은 남고
뒷날을 기약할 사람들은 집으로 돌아가도 좋다
상원이 형의 결연한 목소리가 떨렸다

누구도 총을 내려놓고 자리를 뜨지 않았다
시민혁명의 들불을 지펴놓고서

시민들이 눈을 가린 총칼에 희생되는 것을 보면서도
배운 자들이 일제히 자취를 감춘 걸 보면서
전남대 공대생 서호빈과 김인환은
거짓으로 세상을 속일 수 없다는 생각에
해방구가 되고 시민군이 지치기 시작하자
작은 힘이라도 보태기 위하여
도청 수비대를 자청으로 시민군이 되었다

군대도 안 간 터라 카빈총 한번 제대로 쏘지 못한 채
시민들이 흉탄에 아까운 목숨 잃을까봐
무기를 회수하고 다녔다
시민들의 그런 노력은 아랑곳없이
26일 폭도들은 무조건 항복하라며
헬기에서 선무방송과 전단지를 뿌려대는
최규하 정부를 믿을 수 없어
그는 다시 총을 들고 도청에 남았다

죽음의 공포가 엄습했지만
해방구 건설의 뜻 헛되지 않도록
도청을 지켰다

마지막 날 새벽
변변한 협상 시도나 예고도 없이
도청을 덮친 계엄군은
마치 난공불락의 성채를 허물기라도 하듯
서석동 쪽 도청 뒤에서
헬기를 띄운 뒤 밧줄을 타고 내려와
기관총을 무차별로 쏘며 달려들었다

서호빈 군은 계엄군의 동태를 살피기 위하여
앞장서서 창문으로 염탐하다
난사된 총알의 제물이 되고 말았다

그는 비록 겨레붙이에게 차가운 총구를 겨눈
계엄군의 총격에 갔지만
생각과 행동이 둘이 아니라는 것을
온몸으로 증거한 그는
우리 가슴 속에 영원히 살아 있다

미국 문화원에 날아든 화염병

슈퍼마다 상품이 동나고
주유소 기름이 바닥나
시민들의 발이 묶였다
이대로 광주는 고사하고 마는 걸까
두려움이 광주 시민들을 오싹하게 하던 날
전남일보 앞 대자보에 붙은
미 항공모함의 부산항 입항 소식은
마침내 친구의 나라가 따스한 손 내밀어
군부 쿠데타의 사슬을 풀어주는구나
막힌 가슴을 훤히 트이게 했다

하지만 희망은 물거품
부산항에 정박한 항모는 끝내
수렁에 빠진 친구들에게 손을 내밀지 않았다
오직 민주주의 꿈을 안고
뜬눈으로 도청을 지키는 시민군들에게
탱크를 동원하고 기관총을 무단 발포하여
수많은 청년들이 비명에 가도
끝내 모른 체하고 진압을 승인하였다

38선 이남 한반도 흰옷 입은 사람들
의사도 한번 묻지 않고
군홧발로 들어온 점령군
일제의 군대를 대신하여 용산을 차지한

점령군은 자신들의 식민지를 지키면 그뿐
친구의 나라라고 연일 떠들면서도
음흉한 야욕을 숨긴 얼굴을 바꾸지 않았다

그렇게 두 얼굴을 가진 미국의 실체를 벗기듯
젊은 친구들이
광주 미 문화원에 화염병을 던졌다

광주 세무서 불타던 날

도청 앞 상무관에 연일 관이 늘어났다
시 외곽에서 해방구를 지키던 시민군이
계엄군의 조준 사격으로
제 겨레붙이에게 꽃 같은 목숨을 빼앗긴 것이다

사태가 이런데도 연일 폭도들의 난동으로
계엄군 병사가 죽었다는 소식만 틀어대던
광주 MBC 방송이 시민들 손으로 불태워졌다
이어서 도청 옆에 붙어 있던
광주 세무서도 불길에 휩싸였다

시민의 호주머니를 턴 나랏돈 뭉치로
탱크며 미사일, 명중률 좋은 자동소총을 양산하면서도
그 무기로 적이 아닌
국민을 죽음의 구렁텅이로 몰아넣은 대가였다

두꺼운 철제문 부서진 채
불길에 휩싸인 광주 세무서

모름지기 국민의 머슴이면
어떻게 처신해야 하는지
잘 말해 주었다

거대한 민심의 불길이 타오르던 그 밤

설 자리를 잃은 계엄군이
무기를 거둔 채
조선대 뒷산을 넘어 슬금슬금
광주를 미꾸라지처럼 빠져 나갔다

시민군 결사대

5월 24일부터 계엄군이 재진입할 거라는
흉흉한 소문이 돌았다
누구나 익명으로 살아가던 해방구에는
처음에는 무기를 반납하고 협상하자는 말이 떠돌았지만
이대로 무릎 꿇어서는
민주 회복의 대의도 휴지 조각이 되고
총을 든 시민군들은 물론 시민 모두
계엄군의 총알받이 되고 말 거라는
반대 여론이 고개를 들었다

마침 총을 쥔 시민군들도 지쳐가던 터라
도청 앞 분수대에서 열린 시민궐기대회에서는
광주를 구할 시민군을 모집한다는
호소가 연일 이어졌다

마침내 26일 YMCA 무진관에서 열린
시민군 교육 자리를 가득 채운
선한 눈들을 잊을 수 없다

시민군에 들어가 돌아오지 않는
남동생을 찾아 간호병이 되겠다며
응급 배낭을 쥔 처녀
식구들의 만류로 도청에서 들어간 뒤
죽음의 위기에 처한 광주를 버려둘 수 없다며

다시 돌아와 총을 쥔 전남대생 김선출
거짓으로 연일 도배하는 신문 아닌
시민군의 승전보를 믿는다며
책을 던지고 합류한 대동고생 김효석
건설 현장을 지키던 날품팔이 김씨
일생 총이라곤 쥐어본 적 없는
시민군 지원자에게 총 쏘는 법을 가르치던
예비군 중대장….

그들은 모든 것을 던진 채
도청 항쟁 본부로 들어가
민주주의의 새벽을 온몸으로 지켰다

작은 별

밤하늘이 아무리 검은 장막으로 덮여도
남쪽 하늘에 뜬 작은 별 하나
집으로 가는 길 또렷이 가리킨다

그해 5월 19일
철쭉꽃 붉은 잎 군홧발로 짓밟으며
저벅저벅 금남로를 밀고 내려오던
계엄군의 차가운 캐터필러 소리
그 서슬푸른 기세를 꺾은 건
함께 기세를 올린 총소리나
하늘 높이 닿는 함성이 아니었다

어디 나를 한번 밟고 가봐라
은행 귀퉁이에서 구두를 닦던 청년 하나
구두통 하나 멘 채 금남로 한복판에 서자
계엄군 행렬
파도가 갈라지듯 물러섰다

광주의 하늘을 무겁게 짓누르던
화약 냄새, 사람의 향기라곤 없는
피비린내 앞에
뿔뿔이 흩어졌던 사람들
산지사방 흩어진 구두통을 딛고
다시 금남로의 끝 도청을 향해 나아갔다

검고 무겁게 내려앉은 광주의 하늘
작은 별 하나 떠서
곧고 환하게 비추었다

사람이 먼저인 인술

광주의 심지 도청 함락을 앞두고
연일 공방전이 벌어지던 5월 21일
도청을 불과 몇백 미터 앞둔
광주 MBC 앞 백주 도로변
계엄군은 방송 카메라 따위는
얼마든지 손바닥으로 가리고
카메라로 아무리 찍어도
가위로 싹둑 자르면 그만이라는 듯
계엄군은 진입로에 바리케이드를 치고
눈을 가린 채 캐리버50 기관총알을 퍼부었다

높은 건물에 은신한 채
마치 적군을 겨냥하듯 방아쇠를 당기는 통에
민심을 전달하기 위해 도청으로 내닫던 청년들이
백주 대낮에 픽픽 쓰러졌다

라일락 향기가 넘쳐 흘러야 할 거리에
피비린내가 진동했다
그때였다 길 가던 시민 몇 사람이
머리에서 피가 흐르는 청년을 부축하여
근처 병원 문을 두드렸다
언제 병원으로 계엄군의 군홧발이
들이닥칠지 모르는 공포로 가득한 세상이었다
그런데도 기다렸다는 듯 병원 문이 활짝 열리고

간호사들 두어 명과 늙은 의사가
피가 흐르는 청년을 수술실로 데려가고
병원 문을 다시 꼭 닫았다

항쟁이 저물고 시내 병원마다
계엄군이 들이닥쳤지만
의사와 간호사들은 죽음을 각오한 채
아직 상처가 아물지 않은
청년들에게 깨끗한 옷을 갈아입혔다
병원 직원으로 신분 세탁하여
군인들의 손에 넘어가는 일이 없도록 했다

피비린내 나는 거리를
훈훈한 향기 넘치는 거리로 회복시킨 것은
진내과 넘어 만발한 라일락이 아니라
겨레붙이라면 한 사람이라도
죽음의 수렁으로 내몰 수 없다는
사람이 먼저인 인술이었다
계엄군의 총성이 울리면 꼭 닫혔다가
총성이 그치자마자
활짝 열리던 병원 문 뒤로
활짝 핀 간호사들 머리에 핀 꽃
누구도 꺾을 수 없었다

주먹밥

아무리 손에 쥐려 해도
주르르 흘러내리는 쌀
가만히 들여다보면
사람의 눈이 들어 있다
그렇게 흩어지는 쌀톨들
무쇠솥에 안치고
이글거리는 장작불 일궈주면
세상의 어느 피붙이보다 따뜻한 정으로
서로 끈끈하게 붙는다

그렇게 끈끈하게 뭉친 주먹밥
어떤 무기로 가르려 해도
나눠지지 않고
시민군 형제들을 하나 되게 했다
아무리 힘없는 갈래머리 여학생의 손에 쥐어져도
바리케이드를 넘어
씽씽 날아가는 돌팔매가 되었다

작은 주먹밥들이 뭉쳐
마침내 거대한 무기로 쌓은
계엄군의 장벽을 넘어

주먹밥을 나눠 먹은 사람들이 뭉쳐
어떤 거짓으로도

심장을 도려내고 무기로도
깨뜨릴 수 없는…

부마항쟁의 도화선을 이어

1
서울 창신동에서 은거 중
광주에서 온 형사대에 체포되어
광주 서부서로 압송되어 혹독한 고문을 치렀다
주구 노릇을 하던 정보과 형사들
열대엿 명에게 둘러싸여 집단 린치를 당하고
1년여의 도피 기간 내내
무엇을 하고 지냈는지 자서전을 쓰느라
시간이 더디 흘러가다가
급작스레 시간의 흐름이 가팔라졌다
혹독한 취조를 받고 와 고꾸라져 있는데
창살 건너 티븨에서 김남주, 이학영, 박석률 형들이
동아건설 최원석 회장 집 담을 넘다가
이학영, 차성환 씨가 체포되었다는 급보가 흘러나왔다
김남주 형은 다행히 도피했다는데
어떻게 보내고 있을까 잠을 이룰 수 없었다
얼마 안 가서 10월 26일에는
궁정동에서 심수봉을 불러 파티를 벌이던
총으로 권좌에서 하루하루 버티던 박정희가
김재규의 총격으로 비명에 갔다는 소식이 들렸다
한 사람만을 위한 독재의 고름이
깊어질 대로 깊어진 시간이었다
뒤에 들으니
티븨와 라디오는 굳게 입을 다물고 있었지만

부산 마산에서 거리로 뛰쳐나온 시민들이
죽음을 무릅쓰고 탱크와 총으로 무장한 군대를
맨몸으로 싸워 이기는 걸 보며
김재규가 이대로는 안 되겠다며
민중의 거대한 외침에 호응하여 벌인
의거로 비롯된 일이었다
그해 가을은 그렇게 아프게 저물었다

2
1980년 광주에도 봄이 왔다
강의실을 빼앗겼던 친구들은
모처럼 학교로 돌아왔지만
하루아침에 총부리로 군부를 장악하고
허수아비 대통령을 세운
전두환 일당의 음모가 세상을 어지럽혔다
정보부의 주구가 되어
학생들의 움직임 하나하나를 밀고하고
거짓을 가르친 교수들의 방에는
어용교수 낙인이 찍힌 판자가 박히고
책을 던진 학생들은 연일 시위를 벌였다
교문 밖으로 한 발짝도 못 나간 채
프락치들이 수첩을 꺼내 들고
슬금슬금 카메라 셔터를 눌러대는 걸
수수방관하고 있었다

연일 이저지는 학생들의 시위 열기가
자칫 엉뚱한 데로 흐를 것 같은 예감으로
손에 땀을 쥐는 시간이 길어졌다

광주의 봄이 열기에 휩싸여 있는 동안
나는 연일 시위를 준비하기 바쁜
학생 지도부를 만날 때면
그해 겨울 나의 소식을 듣고 달려온
마산 친구 유동렬이 소상하게 전해준
부마항쟁의 저간 사정을 친구들에게 들려주었다

민주 혁명은 우물 안 개구리 식 학내시위 아닌
시민들과 하나가 되어
국민들의 민주화 열기가 삼천리에 퍼져야 한다고
줄곧 힘주어 말했다
마침내 5월 15일
교수들과 학생, 시민들이 하나 되어
도청 앞 분수대에 모여
전두환은 오판 말라
민주주의 우리 손으로 반드시 지킨다고 선언했다

전두환 일당은 뜨거운 반란의 땅 광주에서
부산 마산 항쟁이 재연될 것을 두려워하여
5월 17일 비상계엄 전국 확대를 명분 삼아
유독 광주에만 공수 특전단을 투입하였다
광주는 빨갱이 천지니
보는 대로 죽여도 좋다
진압 작전이 끝나면 달콤한 보상이 주어지는
화려한 휴가 작전을 벌였다

열흘간의 광주 해방구는
부산 마산에서 미처 다 폭발하지 않은

민중 민주 혁명의 열기가 옮겨붙은 것이었다
아니 아무리 총으로 억눌러도
민심이 천심임을 온몸으로
광주 시민 모두가 나서서 증거한 것이었다

5월 18일 장봉과 착검한 총으로 무장한
계엄군의 화려한 작전으로
민주화의 열기를 일시에 가라앉히려 했지만
죽음을 두려워하지 않는 시민들의 참여로
마침내 군부 독재의 아성이 무너지면서
거대한 해방구가 건설되었다
부산 마산에서 희생을 무릅쓰며 붙인 도화선
광주 시민들이 하나같이 이어서
제아무리 총과 칼로 눌러도
부족한 것 함께 나누고
이웃들의 상처 함께 떠안아
먹구름 말끔히 걷어내고
밝은 미래 그려진 새푸른 하늘을 열었다

YWCA 사수한 시민군 나명관

넓고 화려한 집은 없지만
민들레 홀씨에게는 온 세상이 집이어서
두엄자리에 둥지를 틀면
퀴퀴한 냄새 걷어내고 향기로운 꽃마당 되고
아파트 마당에 내리면
깨진 시멘트 바닥에 노란 꽃 피워
찡그린 아파트 마당을 활짝 웃음꽃 피운다

밤을 낮으로 바꾸어 일하느라
세상이 온통 까만 밤으로 된 줄 알던 소년
광천동 들불 야학에서 책을 읽으며
낮도 때로는 밤보다 어둡다는 것
어두운 밤일지라도 누군가 횃불을 켜 들면
깜깜한 밤도 대낮처럼 밝다는 걸 알았다

그렇게 세상을 밝히는
민들레 노란 홀씨 받아든 소년
저를 낳아준 겨레붙이를 향해 겨눈 총으로
연일 억울한 죽음들이 쌓이는데도
신문과 방송이 앵무새처럼 거짓말을 내뱉자
그는 야학에서 배운 대로
가리방으로 긁은 투사회보를 뿌렸다
시민의 힘으로 해방구를 지켜야 한다
부산항에 뜬 미군 항공모함

미국은 형제들을 지킬 것인가 버릴 것인가
도둑 없이 함께 사는 세상
야욕으로 똘똘 뭉친 군인들 제자리로 돌아가고
국민이 주인 되는 세상
우리 손으로 만들어야 한다

거짓 소식으로 도배한 신문 위에
투사회보를 나누던 청년
그는 민주주의의 새벽 밝기까지
해방구를 지키기 위하여
그의 철필이 말한 대로
도청 사수대에 들어갔고
너희들은 아직 어리니
총을 놓고 집으로 돌아가라는
상원이 형 말대로 도청을 나왔지만
끝내 떨어지지 않는 발길
집으로 향하지 못한 채
저도 모르게 동지들이 기다리는 YWCA로 돌렸다
새벽 3시 저벅저벅 계엄군이 중무장한 채
진입하는 걸 보며
계엄군이 온다! 모두 총을 잡아라!
가장 먼저 외쳤다
YWCA가 온통 벌집이 되면서
온몸에 총알이 쏟아지는 가운데서도
그는 방아쇠를 놓지 않고 응사했다
민심을 저버린 야욕의 한가운데에 명중했다
그의 터진 등을 딛고 새벽이 밝았다

어린 시민군 이연

지친 시민군들이 속속 총기를 전남도청 마당에 반납하고, 시민들 사이에도 다수의 프락치들이 섞여 있어서 해방구가 위기가 직면한 시기에 그는 해방구 보급과 홍보 활동에 여념이 없던 YWCA에 나타났다. 총만 주먹밥을 맞바꾸던 시민군들도 하나둘 몸을 숨기던 때 돌아와준 그가 너무 반가워 모두 뜨겁게 손을 잡았다. 그는 대학 강의를 꼼꼼히 쓰던 손으로 대자보 쓰는 일을 돕기도 하고, 대인시장을 오가며 주먹밥을 구해와 시민군에게 전달하는 일을 하였다.

25일부터는 광주 외곽에서도 심각한 소식이 들려왔다. 해방구 건설 사나흘을 넘기면서 계엄군은 광주 탈환을 시도하였다. 시민군 내에서도 이만큼 광주시민들의 의지를 만방에 알렸으면 되지 않았느냐는 의견도 있었지만, 광주의 슬픔과 기쁨이 삼천리에 널리 알려지기 전에는 저항의 불길을 끌 수 없었다. 도청 앞 분수대에서 연일 시민 아고라가 열리고, 검거를 피해 피신했던 글깨나 배운 지식인들도 부끄러움을 걷고 속속 대열에 복귀하였다.

계엄군은 25일 즈음부터 몇 차례 탱크로 담양과 화순 등 접경지역에서 광주로 진입하려는 시도를 거듭하였다. 광주시민의 희생에 대한 사과나 민주화에 대한 약속은 한마디도 없이, 시민군의 무장 해제와 시위 군중들의 귀가만을 종용했다. 협상 중에도 탱크를 앞세운 채 시민군의 바리케이드를 짓밟으며 광주 시내 진입을 무모하게 시도하였다.

계엄군이 무모하게 캐터필러 소리를 높일 때마다 맨 앞에서 가로막은 사람은 광주시장도 대학교수도 아닌 백발 성성한 이성학 장로였다. 3·1운동에 맨주먹으로 참가해 빼앗긴 나라를 찾는 데 몸을 던졌고, 제헌국회의 원이기도 했던 그는 화정동 고개를 넘으려는 탱크 앞에 웃통을 벗고 맨몸으로 누워 '나를 밟고 지나가려면 가라'고 외쳤다. 캐터필러는 윗통을 벗은 그 앞에서 가까스로 멈추었다.

복귀한 사람들의 힘으로 투항을 만지작거리던 시민수습위원회가 시민투쟁위원회로 바뀌었다. 대변인 윤상원, 기획부장 박남선, 홍보부장 박효선 동지들을 중심으로 이대로 광주 항쟁이 와해 되어서는 안 된다고 지친 시민군을 대체할 지원자를 새로 모집했다. 이연은 YWCA에서 시민군 모집 대자보를 썼고, 나는 도청 앞 분수대에 올라 김태종, 이현주, 최인선과 함께 "광주 항쟁은 시민들의 뜻이 이루어질 때까지 지속되어야 한다. 시민들의 힘으로 민주주의를 지켜야 한다. 해방구를 수호할 시민군에 참여해 주십시오"라고 목이 쉬도록 외쳤다.

계엄군의 만행에 놀라 시 외곽으로 빠져나갔거나 검거를 피해 도피하였던 청년 학생, 지식인들이 속속 집결하여 지원하였다. 예비군 중대장 출신으로 어린 시민군의 총기 사용법을 직접 지도하며 시민군에 참가한 이도 있었고, 심지어 어린 남동생이 시민군에 참가하여 생사를 알 수 없게 되자 간호병이 되어 함께 싸우겠다며 참여한 젊은 여성도 있었다.

이연은 시민들에게 큰 희생을 부를지도 모른 시민군 참여만을 독려할 게 아니라 스스로 시민군에 참가해야 한다며 25일 도청으로 들어갔다. 장형 이강이 남민전 수괴로 몰려 고초를 겪고 있는 마당이어서 만류했지만, 그의 단호한 의지를 꺾을 수 없었다. 아직 연좌제가 뿌리 깊게 박혀 있어 가족력이 있거나 시국 사건 전과자는 총살형을 각오해야 할 것이라는 흉흉한 소문이 돌았다.

그는 만류하는 가족을 뿌리치고 나만을 생각할 때가 아니라며 대자보

쓰던 붓을 던지고 시민군 대열에 섰다. 그의 누이 이정 씨도 동생을 따라 간호병으로 따라 나섰다. 그는 26일 도청 인근 YWCA 사수대에 배치되어 해방구를 지키는 데 헌신하였다. 그는 1980년 5월 27일 새벽 YWCA 회관 내에서 계엄군과 총격전을 벌인 뒤 체포돼 개머리판과 군홧발로 전신을 구타당했다. 5·18 최후 항쟁에서 살아남은 '생존자' 가운데 한 사람이었다.

진압 과정에서 체포되어 혹독한 고문을 견뎌내야 했다. 이연 동지는 군사재판에서 계엄법 위반 혐의로 장기 3년, 단기 2년을 선고받고 복역하던 중 1980년 10월 30일 형집행면제로 석방됐다. 그는 일생 동안 시민군으로서 참여하여 동지들을 지키지 못한 채 생환한 것을 괴로워하며, 동지들의 억울함이 신원되고 특권 없는 세상을 만드는 일에 헌신하였다. 그가 안고 살다간 괴로움을 하나같이 나눠 갖는 날 깨끗한 새벽은 마침내 밝을 것이다.

무명 전사

1

며칠 동안이나 잠 못 이룬 채
해방구를 호시탐탐 노리는
공수 특전단 발길을 묶었을까
뭉크의 그림에 나오는 사람처럼
잔뜩 홀쭉해진 뺨
거뭇거뭇 자란 수염
아프리카에서 온 친구처럼 새까만 얼굴
눈빛만이 초롱초롱한 무명전사를 본다
따뜻한 주먹밥 한 덩이
뜨끈한 시래깃국 한 그릇 건네자
비로소 복면을 내리고 감사하며 받아든다
멀리 영암 시골에서 올라와
하남공단 공사판에서 질통을 메다가
계엄군이 들이닥쳐 모든 것을 잃은 그에게
덜덜거리는 시민군 트럭은
단 하나 남은 둥지
그는 금 같은 목숨을 지키기 위하여
육이오의 유물인 카빈 소총 한 자루
주먹밥을 삼키면서도 어깨에서 풀지 않는다
집도 절도 없는 시민군 청년에게는
낡은 총 한 자루가
자신을 지키는 마지막 수단이자

시민들의 불같은 마음을 실어
해방구를 든든히 지키는
이 나라의 민주주의를 든든하게 지키는 보루
주먹밥 한 그릇 삼키고
접적지에서 기다리는 동지들에게 건네줄
주먹밥 한 소쿠리,
뜨거운 국 한 통 실은 채
먼 외곽으로 떠난다
그의 형형한 눈빛에 눌린
땅거미가 몇 발짝 뒤로 물러선다

2
5월 25일 도청 앞 분수대에 올라
해방구 사수를 위한
시민궐기대회 사회를 보다가
도청을 지키기 위해 돌아온 시민병을 본다
복면 속 까맣게 탄 얼굴 속
눈빛만은 형형하게 빛나던
그는 벌써 사흘이나 잠을 못 이룬 채
화순 너릿재 쪽 외곽에서
계엄군과 대치하다가
교대병으로 왔다고 했다

집 없는 거리의 부랑아일까
책을 던진 대학생 친구일까
장성 시멘트 공장에서
풀풀 먼지 뒤집어쓰며 시멘트를 굽던 노동자
일감이 사라진 건설 현장에서

벽을 바르던 미장이 친구일까

그 누구도 아니라며
익명으로 카빈 소총을 쥐고 있는 그는
총을 쥐어야 한 덩이 주먹밥을 얻을 수 있는
시민군 전사였다

한 알의 총알로
계엄군의 심장을 노리는 자격병 아닌
국민의 마지막 자존심을 지키는
든든한 파수꾼이었다

대인시장의 어머니들

억울하게 맞은 시민들의 죽음이 신원되고
깨끗한 새벽이 올 때까지 해방구를 지키기 위해서
시민들은 가진 것을 아낌없이 나누었다
경찰 머리카락 하나 보이지 않았지만
꼬박 시민 자치로 꾸려간 해방구에서
사재기는 물론 약탈 사건 하나
벌어지지 않았다
도청으로 몰려든 시민들은 마을별로
김밥을 리어카 가득 싣고 와서는
아낌없이 보자기 보자기 풀었다

도청 앞 분수대에 올라
광주의 자존심을 지키는 시민군들에게
양식이 더 많이 필요하다고 알리자
시민들은 서로서로 주머니를 털어
모금 바구니에 지폐들이 금세 수북이 쌓였다

형 박현채 선생이 남민전 사건에 연루되어
고초를 겪고 있는데도
두려움 없이 항쟁 대열에 참여한 동생 박승채
연일 시민군 밥 짓느라 여념이 없던 임영희와
머리를 맞대다 두루 빠르게 배식하려면
김밥이 제격일 것 같아
시민들이 모금해준 걸 들고 대인시장으로 내달렸다

시장에 들러 김밥을 마는 어머니들을 찾자
아주머니들은 한사코 손사래를 치며
돈도 받지 않고 따끈한 김밥을 말아 주었다
그러면서 많은 사람들을 두루 먹이려면
손쉽게 만들 수 있는 주먹밥이 제격이라며
한 소쿠리 가득 담아 주었다

이것이구나 싶은 우리 보급대원들은
대인시장에서 김 무럭무럭 나는 밥과 국거리를 사
YWCA로 돌아와 주먹밥을 만들기 시작했고
대인시장 아주머니들도 주먹밥을 만들었다가
들르면 언제나 몇 소쿠리씩 건네주었다
도청을 지키기 위해 시민군이 불어나자
이번에는 도청 지하실로 옮겨
밥과 김치를 둘둘 김으로 감싼 주먹밥을
외곽에서 밤새워 대치 중인 시민군들에게 나누었다
한 덩이 주먹밥에는 그렇게
대인시장 아주머니들의 따스한 사랑이 담겨 있다

언제 계엄군의 총탄이 쏟아질 줄 모르는데
집으로 돌아가는 길도 잊은 채
YWCA 식당에서 도청 배식실에서
남 몰래 따스한 사랑을 불어넣어
주먹밥을 빚던 누이들의 땀이 배어 있다
집으로 돌아갈 길 잃는 사람들을
제 자식같이 여겨 주먹밥 아끼지 않은
대인시장 어머니들의 따뜻한 눈물이 배어 있다

대가라곤 바라지 않은 채
겨레붙이들을 감싸 안고
따스함을 서로 나누는 주먹밥 하나
해방구를 서슬푸른 무기로도 꺾을 수 없도록
단단한 사랑으로 지켜냈다

제4부
택시 운전사

책과 삶 하나 된 김광석

망월동 제3묘역 4번
친구 김광석의 묘비 앞에 선다
늘 도서관에서 책에 묻혀 살며
정의의 사도가 될 것을 꿈꾸던 친구
흙 묻은 군홧발로 짓밟힌 도서관 문
굳게 잠기고
더 이상 법이 정의의 편이 아님을
두 눈으로 목격한 그는
책을 던진 채 도청 부근 가톨릭센터로 갔다
책장의 뒤가 보이도록 들여다보며
꿈꾸던 정의의 수호자들은 그 자리에 없었다
장갑차에 탄 소년이
도청 옥상에 숨은
저격병의 총탄에 쓰러지고
바리케이드를 애마로 넘던 택시 기사가
벌집이 된 차에서 피투성이가 되어 나오는 걸
피눈물과 함께 지켜보다가
계엄군을 향해 맨주먹을 쥐고 나가던
친구가 허공에서 날아든 총탄에 쓰러진 걸 보며
길 한복판에 쓰러진 그를 구하러
한 손을 들고 나아갔다
빨리 와요! 빨리 와!
지켜보던 사람들이 안타깝게 소리쳤다
피를 흘리는 친구를 들쳐업고

가톨릭센터로 향하는 순간
도청 쪽에서 날아든 M16 탄환이
광석이의 가슴을 꿰뚫었다
이어서 구호자라는 표시로 치켜든
한쪽 팔도 정조준한 탄환에 맞아
붉은 피가 반보 허공으로 솟구쳤다
겨레붙이를 적으로 돌리려는
차가운 명령에 따라 쏜 총알 두 방
원한이라곤 없는 같은 또래의 꿈을
영원히 멈추게 했다
같은 겨레붙이끼리 왜 싸우는지도 모른 채
차가운 총알로 사신을 불렀지만
겨레붙이들을 향해 겨눈 총 피하지 않고
억울하게 죽어가는 친구를 살리기 위해
기꺼이 과녁이 된 김광석 군
꽃다운 스물다섯에 청춘이 가야 할 길은 멈춰졌다
그가 총탄의 비를 뚫고 간 길
광주의 한복판에 오래 남을 것이다

여전사 임영희

눈을 가린 거대한 무기 앞에
피붙이를 만나는 마음으로 섰던 친구들
아직 채 피지 못한 꽃으로 픽픽 스러져도
누구 하나 거들지 못하고 있을 때
그녀는 모든 것 털고 일어났다

계엄군의 총탄 자욱 선명한
YWCA를 활짝 열어젖혀
갈 길 잃은 대학생들, 여성들을 모아
밤새워 대자보를 만들었다
광주는 외롭지 않다고
억울한 이웃들 죽음 헛되지 않도록
도청 앞으로 모여 주세요
광주 해방구를 넘어 삼천리를 민주 세상으로!
지친 시민들에게 사이다 같은 소식을 전했다

작지만 다부진 손으로
YWCA 한구석에 차린 급식소에
솥을 걸고 밥을 지어
손맛 맛있게 밴 주먹밥을 만들어
시 외곽에서 계엄군과 밤새워 대치하고 있는
시민군 배 든든히 하라고 보냈다

작은 손,

조브장한 어깨 어디서
그런 무한한 힘이 나왔을까
보이지 않는 곳에서
푹푹 찌는 불 앞에서 밥을 짓고
지친 사람들에게
기쁜 소식을 전한 덕분에
무기의 그늘에 숨어
피 묻은 의자 차지하려고 안간힘 쓰지 않고도
어려움 함께 나누며
도둑 없는 거리를 만들 수 있었다
다 같이 새벽으로 가는 대동세상 이룰 수 있었다

미장공 함광수

시민군과 함께 한 시민들의 힘으로
계엄군을 조선대 뒷산에서도 몰아내고
피어린 해방구를 건설한 날
조선대 뒷산에서 무기를 거두어 철수하자마자
곧바로 광주 봉쇄에 착수했다
스물둘의 미장공 함광수씨 눈에 들어온 것도
화려한 휴가를 준비하는 계엄군의 모습이었다
상무대에 주둔하고 있던 공수 특전단은
광주로 통하는 화정동 고개를 봉쇄하기 위해
장갑차를 밀고 들어왔다
초등학교만 나와서 아버지를 도와 미장 일을 하던 그는
일거리를 잃고 집을 지키다가
지축을 흔드는 탱크 소리에 옥상으로 올라갔다
그런데 웬걸 계엄군은 평화로운 마을에
마구 기관총알을 퍼부으며
서둘러 화정동 고개 봉쇄에 나섰다
탱크를 앞세운 수 백명의 군인들은
도로에서 움직이는 것에는 무작정 총질을 하고
도로 양옆 가옥에도 마구 총질을 했다
민가에 설마 총을 쏠까 하고
옥상으로 올라갔던 함광수 씨는
그렇게 눈을 가린 계엄군의 총탄에 쓰러졌다
광주로 가는 길을 막아
라면 하나 기름 한 방울

들어가게 하지 않겠다며
국민을 적으로 돌리며 퍼붓는 총으로
함광수의 꿈은 물거품이 되었다
국민의 안녕을 지키기 위해서
날로 고도화되어가는 무기
잘못 쓰일 때 얼마나 무서운 흉기가 될 수 있는지
쓰러진 미장공 함광수의 억울한 죽음
묵묵히 증언해 준다

윤상원 형의 마지막 모습

1
수많은 시민들이 5월의 라일락처럼
붉은 피 흘리며
계엄군의 눈을 가린 총칼 아래 스러져 갔지만
삼엄한 검열의 칼로 갈가리 찢긴 신문 방송
한 줄의 꾸밈 없는 진실에 침묵할 때
광천동 야학 지키며
어린 친구들과 투사회보를 만들어
한 줄기 진실을 알리던 그가 나타났다

해방구를 사수해야 한다는 일념으로
총을 쥔 채 며칠째 뜬눈으로 지새던 시민군 병사들
주암동이며 담양 가는 길 외곽에서
계엄군 저격병의 조준 사격으로 지고
다같이 지쳐갈 때
그는 샛별같이 나타났다

24일 모처에서 만난 사람들이
수습위원회 명함을 걸고 나타나
시민군의 무기를 회수하자는 말이 나오고
도청 앞마당에 무기가 쌓이기 시작하자
그는 어둠 속에서 혜성같이 나타나
이대로 계엄군에게 무릎 꿇으면
광주의 진실은 그대로 어둠에 묻힌다며

시민혁명은 그대로 물 건너 간다며
시민군들을 설득해 다시 총을 쥐게 했다
수습위원회를 투쟁위원회로 바꾸어
광주의 뜻이 실현되기까지 앞으로 나아가자고
머리에 흰 띠를 두르고 동분서주했다

도청에 항쟁 지도부가 새로 들어서고
분수대에서 열린 궐기대회로 시민들이 다시 모였다
비록 27일 새벽
미완의 혁명으로 저물기는 했지만
광주는 역사의 장을 새로 열었다

2
해방구의 마지막 새벽 1시
계엄군의 재진입 소식이 전해져
시민군의 전의를 북돋워 주었다
상원이 형은 시민군 수 십 여명을 앞에 두고
카빈 소총 격발 연습을 하고
열여덟 나명관을 비롯한 십대 소년병들에게는
아직 할 일이 많이 남아 있으니 집으로 돌아가라며
계엄군이 밀려들기 전에 밖으로 내보냈다

새벽 3시 무차별 사격과 함께 시작된
계엄군의 도청 재진입 작전
진입에 앞서 계엄군은 일대의 전기 공급을 차단하고
시민군끼리 통화하지 못하도록 전화를 끊고
도청 일원에 방해 전파를 뿌렸다
겨우 몇 정의 소총으로 무장한 시민군

한 핏줄을 나눈 겨레붙이를 향해
대북 진격을 위해 훈련된
정예 특전대를 완전군장시켜 투입했다

대변인실에서 나와
도청 부속 건물 회의실로 옮겨
김영철, 이양현 형과 함께 있던 자리에
밧줄을 타고 유리창을 깨고 진입한 특전사 장교는
던지자마자 섬광이 터져
눈이 멀고 숨조차 쉴 수 없는
스턴탄을 터뜨려 열기에 휩싸이게 했다
마치 적진을 뚫고 들어갈 때처럼
진압군은 손끝 하나 다치지 않는
첨단의 무기를 사용해 제압하고
그것도 모자라 중무장한 적군을 제압하듯
무차별 총격을 퍼부은 사람들
그들은 누구의 형제인가

쉽게 총을 버리고
투항하여 목숨을 구할 수 있을 텐데도
지상의 모든 것 버리고
기꺼이 죽음도 두렵지 않게
거대한 무기에 맞선 윤상원 형
영원히 죽지 않는 사람의 길
온몸으로 가리키고 있다

죽창을 든 장두석

손가락으로 꼽기에도 부족한
군인들의 검은 야욕 달성을 위해
군홧발 아래 광주가 짓밟혔지만
아는 얼굴들이라곤 좀처럼 찾아볼 수 없었다
신문 방송에 그렇게 번번이 얼굴을 내밀고
침을 발라 글을 쓰던 사람들은
꼭꼭 골방에 숨거나
계엄군의 시 외곽을 봉쇄하기 전에
서둘러 시골로 도망가거나
미국으로 밀항해 버렸다

그렇게 잘난 사람들이 사라진 뒤
무지랭이 시민들이 죽음을 두려워하지 않으며
계엄군의 본산인 도청을 향해 치달았다
택시 운전사들의 투신에 이어
시민군들의 대응 사격으로
계엄군이 도청 안으로 밀려들어 간 밤
시민들은 잃어버린 땅을 되찾기 위해
도청으로 치달았다

기관총이며 수류탄, 칼 꽂은 총으로 무장한
계엄군을 향해
맨손이거나 기껏해야 각목 하나씩을 든
무지랭이 시민들은 밤새 깨어 도청으로 치달았다

그렇게 지도자들이 사라진 거리를
익명의 시민들이 메운 21일 밤
도청으로 통하는 길목에서 만난
분노한 시민의 물결 속에
장두석 선생은 죽창을 든 채 힘을 보태고 있었다
YWCA에 양서협동조합을 열어
세상을 바로 세우는 지식에 목마른 젊은이들에게
길이 담겨 있는 책을 나눠주고
가난한 사람들끼리 서로 돕는
신용협동조합의 선봉에 있던 그는
지천명을 넘긴 나이에도 불구하고
지친 기색이라곤 없이
거대한 민심의 파도 한가운데 있었다
우리 오늘 본 것을
뒷날 숨김 없이 알려주세
선생은 손을 잡을 겨를도 없이
외마디를 남기고 도청을 향해 달려갔다

그는 또 죽음의 위협에도 불구하고
지친 시민군들이며 프락치들이 무기 반납을 외치자
광주 시민들의 뜻 실현되기까지는
총을 놓고 투항해서는 안 된다며
시민투쟁위원회를 굳게 지키다
계엄사에 끌려가 혹독한 고문을 치러야 했다

그렇게 죽음의 늪에서 헤어나온 그는
감옥에서 그를 살린 단식과 자연건강의 비결

널리 나누는 자연건강법을
삼천리를 돌며 나누는 전도사가 되었다

배움은 혼자 우뚝 서기 위한 게 아니라
만인에게 나누는 것임을
온몸으로 증거하였다

광천동 야학 지킴이 김영철 형

광주의 명문 광주일고를 나와놓고도
가난 탓에 대학 문을 두드리지 못했다
공무원 시험에 붙어 면서기가 되었지만
독재 정권의 나팔수가 될 수 없어
군대에 다녀온 뒤에는
다시 면사무소로 돌아가지 않았다
서울에서 신문팔이도 하다가
고향 광주에 내려와
YMCA신협에 다니면서 빈자들을 도왔다
마음이 얼마나 따뜻했는지
거리에서 구두를 닦던 용준이가
책을 읽는 것을 보고는
신협에 일자리를 마련해줄 정도였다

온 동네 사람들이 화장실 하나로 사는
광천동 시민 아파트에 살며
가난은 게으른 탓이 아니라
검은 권력, 두 얼굴의 자본 탓이라는 걸
잘 아는 그는
서슴없이 시민군이 되어 광주를 지켰다
계엄군 재진입 때 체포되어서는
자신은 결코 폭도나 오열이 아니라고
연일 모진 고문을 견디다가
상무대 영창 창살에 머리를 짓찧었다가

그만 뇌를 다쳐 정신분열에 시달렸다
사주한 사람을 대라
함께 총을 든 사람들을 대라는
헌병의 취조에도 한마디 하지 않았다

석방되어서도 정신병원을 전전하다
절명한 영철이 형
사람은 물질이나 권세가 아니라
마음 깊이 간직한 사랑으로 사는 거라고
구질구질 길게 사는 게 아니라
마음의 푯대 지키며
짧고 뜨겁게 사는 것이라고
사진 속에서 빙긋 웃는다

피를 나눈 광주의 딸 박금희

은행원이 되기를 꿈꾸던
전남여상 졸업반 박금희 양
시민 여러분, 계엄군의 발포로 부상당한 시민들이
죽어가고 있습니다.
사랑의 헌혈로 죽어가는 시민을 살려 주십시오
애절한 가두방송을 들은 금희는
양림동 기독병원으로 달려갔다
병상이 모자라 병원 마당에까지
총상으로 피를 흘리는 시민들이 들어차 있었다
간신히 응급실을 찾아 들어간 금희는
오빠 또래의 청년에게 피를 나눠주며
따뜻한 눈물을 얼마나 흘렸는지 모른다
어느 사악한 손이 숨어서
같은 또래의 청년이
영문도 모른 채 사거리 안에 든
같은 또래의 친구에게 총을 겨누게 한단 말인가
스러져 가는 한 생명을 건졌다는 생각에
얼마나 마음이 가벼워졌는지 몰랐다
같은 국민을 이렇게 둘로 나누는 게 싫다고
하수인이 되어 제 겨레붙이에게 총알을
마구 퍼붓는 공수부대는 광주에서 몰아내야 한다고
금희는 마음의 주먹을 굳게 쥐었다
그렇게 집으로 돌아가던 금희
양림교회 앞을 지나는데

한 발의 탄환이 날아와 금희의 복부를 관통했다
아무 영문도 모른 채
열아홉 여고생 금희의 꿈은 그렇게
산산조각이 났다
움직이는 건 다 쏘라는
명령을 내린 자의 얼굴
아직도 복면 너머에 있다

금희의 뒤를 따라
죽음의 공포 넘어
눈을 가린 총에 맞은
새파란 청춘을 구하려는 헌혈 행렬
기독병원 마당 너머까지 줄을 잇고 있었다

두 번 산 신학도 유동운

삶과 하느님의 생각은
동전의 양면과 같다는 걸
그는 온몸으로 증거했다

5월 18일, 순한 양 같은 시민들이
화려한 휴가를 위해
물불 가리지 않고 곤봉과 총검을 휘두르는
공수 특전대에 죽임을 당하는 걸 본 그는
가슴을 활짝 열고 맞서다 체포되어
상무대 영창에 투옥되었다

잔인한 짐승의 탈 보여주면
물러설 줄 알았던 항거의 불길이
광주를 넘어 남도 전역으로
들불처럼 옮겨붙자
22일 계엄사는 검속자들을 풀어주어
화해의 제스처를 보였다

하지만 광주역 광장에서,
외곽으로 통하는 화정동 고개에서
심지어 헌혈자들이 줄을 선 적십자병원 앞길에서
계엄군은 조준 사격으로
무고한 시민들을 죽음으로 내몰았다

어린 양들이 제물로 바쳐지는 걸 본
한신대 신학생 유동운은
다시 총을 들었다
시민군이 되어 부상한 시민들을
총탄을 뚫고 병원으로 옮기고
뜬눈으로 외곽 경비를 서서
계엄군이 탱크를 앞세워
민의를 짓밟는 것을 막았다

그렇게 동분서주하였지만
26일 계엄군이 재진입한다는
흉흉한 소문이 돌자
이번에는 앞장서서 도청 사수대에 지원하였다
유태인 청년들 스물을 대신하여
나치 친위대에게 나아가
자신의 목숨을 기꺼이 던진 콜베 신부처럼
수많은 시민들 대신
27일 새벽 도청에서 계엄군과 맞서 싸우다
장렬하게 전사하였다

비록 그의 육신은
하늘이 거두어 갔지만
숨은 강처럼
산을 넘어 바위를 뚫고 흐르는 민심은
결코 막을 수 없음을
자신이 짊어진 십자가로 증거했다

택시 운전사 1

공수특전단의 군홧발에 짓밟힌
도청을 되찾기 위하여
시민들은 금남로 1가에서 5가까지
송곳 하나 꽂을 데 없이
인간 파도로 메워 버렸다
그런 거대한 인간 파도를 밀어내기 위하여
탱크와 기관총으로 중무장한 계엄군이
도청으로 통하는 분수대를 가로막고 있었다
시민들이 이룬 거대한 파도를 밀어붙이자
5월 21일 오후 1시를 기해
계엄군이 무차별 발포를 시작하였다
지리한 공방이 이어지자
젊은 친구들이 아시아자동차에서 징발해온
장갑차에 어린 친구가 태극기를 품은 채 올라타고
시민들과 함께 도청으로 나아갔다
그러면 가톨릭 센터를 넘기 전에
저격병이 정조준으로 어린 친구의 목을 날렸다
그럼 시민들은 썰물처럼 물러섰다가
다시 태극기를 품은 어린 친구 장갑차에 올라
시민들과 함께 도청으로 치닫다가
저격병의 손에 아까운 청춘이 스러지기를 몇 차례
그때 문득 인간 파도를 헤치며 나타난 택시 대열
시민들의 발이었던 택시 운전사들이
아끼던 차를 몰고 계엄군 바리케이드를 향해 치달았다

최루탄이 퍼부어지고 총탄이 빗발쳤지만
시민들이 쏟아준 사랑에 보답하기 위하여
택시 운전사들은 목숨을 돌보지 않고
계엄군을 향해 치달았다
마침내 계엄군도 무너진 바리케이드를 버려둔 채
분수대 가까이 몇 블럭 후퇴했다
택시 운전사들의 살신성인으로
시민의 땅을 찾는 시간이 몇 뼘 좁혀졌다

택시 운전사 2

하늘이 알고 땅이 안다는 말은 틀렸다
화려한 휴가 작전에 투입된 계엄군은
마치 공산당이나 반란군과 전투에 나선 것처럼
학생이고 시민이고 가리지 않은 채
눈에 띄는 대로 장봉으로 때리고
군홧발로 짓이기며 연행해 갔다

죄 없이 죽어간 이웃들
차마 그대로 보낼 수 없어
거리에 나와 행진하는 시민들을 본 공수 특전대들은
앞줄에 있는 주동자들을 딱 찍으면
끝까지 따라가 곤봉으로 때리고,
대검으로 마구 찔러 기어코 붙잡았다
택시 기사 장훈명 씨는 택시 문을 열어놓고 기다리다가
쫓기는 학생들을 태우고 냅다 내달려
죽음의 문턱에 있는 젊은이를
얼마나 많이 건졌는지 모른다

한번은 도망치는 학생을 태우고 출발하는데,
쫓아온 공수가 대검으로 찔러
택시 문틈에 끼인 칼을 단 채 달린 적도 있었다
계엄군은 젊은 사람이 택시에 타고 있으면
무조건 끌어내린 후 묻지도 따지지도 않고 때렸다
택시 운전사들이 항의하면

계엄군은 기사들에게도 마구 장봉을 휘둘렀다
온종일 시내를 돌아다니며 살풍경을 목격한 장훈명은
하늘보다 땅보다 두 눈으로 똑똑히 담아두었다
M16 소총에 착검까지 한 공수 특전대들이
마치 '살인면허'라도 받은 듯 마구잡이로 시민들을 구타하는
역천의 역사를 만신창이가 된 택시에 담았다

5월 20일 한 고등학생이 금남로에서 계엄군의 발포로
쓰러지는 걸 보며 택시 운전사 장훈명과 친구들은
목숨보다 아끼는 택시를 몰고
계엄군의 바리케이드를 넘어 도청으로 나아갔다
시위 차량이 금남로의 계엄군 저지선에 이르자,
계엄군은 엄청난 양의 최루탄을 쏘아댔고
방독면을 쓴 공수들이 뛰어들어 차량 유리를 부수고,
운전사를 끌어내려 집단 구타했다

겨우 목숨은 부지했지만,
계엄군의 군홧발에 찍혀 척추뼈가 깨지는 부상을 당했고
상무대 영창에 던져져 청춘을 짓이겨야 했다
택시 운전대를 다시 잡을 수 없이 면허증을 빼앗기고
일자리에 이력서 한 장도 못 내도록 차단당하며 지냈지만
장훈명은 하늘이 차마 담지 못한
땅이 차마 옮기지 못할 비극을 두 눈으로 보았다
아니 비극을 넘어
총칼에 찢기면서도 군홧발에 짓이겨지면서도
제 목숨 기꺼이 버려
겨레붙이들을 구하는 땅의 사람들을 보았다

아무리 총칼이 국민들의 입을 막아도
함께 어려움을 나누는 정
스스로 과녁이 되어 바른 역사를 열어간다는 것을
온몸에 새겨진 상처의 기억으로 말한다
애마와 함께 자신을 계엄군의 총탄 앞에 던진
택시 운전사 장훈명이 있었기에
광주의 죽음은 헛되지 않아
민주주의, 깨끗한 새벽을 열 수 있었다

제5부

마지막 저항, 새 출발

총을 든 미얀마 배우

포도청이 걸린 일손을 놓고
미래가 걸린 책을 던진 채
길거리로 쏟아져 나와 행진하는 시민들에게
눈을 가린 채 방아쇠를 당긴 미얀마의 군인들
왠지 어디선가 본 살풍경이다

한 줌의 맑은 공기
깨끗한 자유의 날개를 활짝 펴게 해달라며
맨손으로 총칼 앞에 선 시민들의 죽음을 딛고 서서
한 사람의 손에 피 묻은 칼을 쥐어주기 위하여
마구 총알을 퍼붓는 미얀마에서
1980년 맨가슴을 드러낸 청년들
눈을 가린 채 기총소사를 일삼던
광주의 옛 그림자를 읽는다

중국제 대포와 다연발 기관총으로 무장한 정부군에 맞서
여윈 어깨에 덜렁 낡은 소총 하나 멘 채
밀림 속 반군 군사학교에 선
젊은 배우 먀 흐닌 이 륀에게서에게서
구급상자 하나 멘 채
동생을 살리겠다며 시민군에 들어간
간호사 누이의 단호한 입술을 읽는다

배우는 결코 대본대로 읽는 앵무새가 아니라

민중의 살아 있는 모습을
세상에 널리 나누는 사람이며
거짓이 아닌 진실을 지켜야 한다며
뜨거운 입김의 수배령을 피해
산과 밀림을 오가며
한 줌의 자유를 달라 요구하는 그녀에게
광주의 살아 있는 정신을 읽는다

모름지기 살아 있는 정신을 지닌 지식인이라면
제 앞에 단것만 놓지 않고
저를 길러준 민초들이 어려움의 수렁에 빠졌을 때
망설임 없이 수렁에 몸을 던질 수 있어야 한다고
다시 거리에 서서
낡은 소총 한 자루로
거대한 대포에 맞선 젊은 미얀마 배우에게
살아 있는 광주를 읽는다

민중 한가운데 선 시인 김준태

5월 20일 흐린 하늘이 트이며
무등산 철쭉 따스한 향기 기대했지만
그만 차가운 무기의 그늘에 눌리고 말았다
수많은 시민들이 총칼에 이슬로 지고
시민의 발인 택시와 버스 기사들이 앞장서서
가톨릭센터 앞 저지선으로 몰려갔지만
계엄군은 사람을 정면으로 겨눈 최루탄과
눈을 가린 장봉으로 응수했다

하늘이 다시 핏빛으로 물들어가는데도
글깨나 배운 사람
신문 방송에 오르내리던 인사들의 모습
어디에서도 찾을 수 없었다

누구에게도 힘 빌리지 않고
시민들이 서로 어깨를 낀 채
광주의 심장 도청으로 나아가던 밤
죽창을 굳게 쥔 시인 김준태 형을
도청으로 통하는 광주 MBC 앞에서 만났다
연일 검열관이 가리키는 대로
거짓말만을 쏟아내고 있던 방송국
시민들의 지갑을 바닥까지 털어가면서도
위기에 처한 국민들을 버린 세무서가
분노한 시민들의 손으로 불탔지만

계엄군은 어둠 속에서 무차별로 총질을 해댔다

화려한 휴가만을 꿈꾸며 국민과 등 돌린
군대를 향해 시민들은 스크럼을 짠 채
큰 파도를 이루어 나아갔다
유난히 키가 큰 준태 형은
불타는 MBC 앞을 지나 도청으로 가면서 말했다
"로르카는 끝까지 민중과 함께했네
우리 이 파도에서 물러서지 말고
끝까지 함께 가세
우리가 본 것을 꼭 사람들에게 전해야 하네"
그는 죽창을 높이 든 채 파도를 타고 있었다

높은 파도에 떠밀려
그만 그의 손을 놓치고 말았지만
그가 온몸으로 한 말은
지금도 귓가에 생생하다
시인은 글을 잘 쓰는 사람이 아니라
있어야 할 자리에 있는 사람이라는 생각
얼굴 하나 아는 이 없는 사람들과
꺾을 수 없는 파도를 이루던
시인 김준태를 떠올리면 간절하다

이광영 동지가 가던 날

국민이 쥐어준 총 한 자루로
삼천리를 구둣발 아래 두던 독재자가
정작 화장실 문턱에 넘어져 죽은 날
푸른 하늘에 비춰도
한 점 부끄러움 없는 친구가
스스로 목숨을 끊었다
죽어가는 적도 이 완장 하나면 살릴 수 있는데
제 겨레붙이들이 죽어가는데 어쩌겠느냐고
적십자 완장을 두른 채
계엄군의 총탄에 쓰러져 신음하는 소녀에게
망설임 없이 달려갔다
그런 그에게 죽어가는 사람은 누구든지
살려야 한다는 적십자정신은 헌신짝처럼 내던진 채
독재자의 명령을 받은 군인들은
총알을 퍼부어 척추를 꺾고 말았다

아무런 죄도 없이
일생을 제 발로는 한 걸음도 딛지 못한 채
사랑하는 사람의 어깨를 빌리고
휠체어 바퀴를 빌리면서도
그날 제 겨레붙이를 향해
피 한 방울 섞이지 않은 비정함으로
눈을 가린 채
헬기에서 퍼붓던 기총소사를 증언해준

친구 이광영이 스스로 목숨을 거두었다

그날 이후 단 하루도 고통에서 벗어나지 못한 채
진통제를 밥처럼 삼켜야 했고
절로도 돌아갈 수 없지만
원망 한 마디 없이
황금동에서 물벼락 만화방을 열어
갈 곳 없는 사람들에게 따스한 사랑방이 되어 주었다
텃밭에서 스스로 먹거리 가꾸며
꿋꿋이 살아온 친구
아까운 목숨을 스스로 버렸다
누구는 그가 더 이상 마약을 쏟아부어도
그치기는커녕 갈수록 더해가는 통증
견딜 수 없어졌다지만 아니었다

저를 낳고 길러준 겨레붙이들에게
한낱 의자를 차지하기 위하여
살의를 띤 총알을 퍼부었지만
친구 이광영은 온몸을 죄어드는 고통을
홀로 견디면서도 원한을 품지 않았다
발포의 정점에 선 사람이
언젠가는 진실을 밝히고 용서를 구하리라 믿었건만
끝내 침묵하다가 구차한 죽음으로 마감한 날
더 이상 갈 길이 남아 있지 않음을 알고
스스로 죽음으로써 진실을 지켰다
그날 총탄을 뚫고 꽃다운 청춘을 던진 것은
스스로 몸을 던져
민주주의의 과녁이 되고자 했음을 증거했다

미얀마에서 광주를 읽는다

지난 봄 선거에서 국민들의 압도적인 지지로
아웅산 수치의 민간 정부가 이겼음에도
몇몇 군인들이 밀실에서 주도한 쿠데타로
선거 결과가 뒤집힌 미얀마에서
1980년 계엄군의 발에 짓밟힌 광주의 봄을 읽는다

무장한 군인들 거리를 봉쇄한 가운데
죽음도 두렵지 않게 바리케이드를 넘던
젊은 시인이 체포되어 행방불명되었다가
내장은 사라지고 빈 몸만 남은 채
거리에서 발견된 미얀마
겨레붙이기를 저버린
환한 대낮에 짐승의 눈으로 착검한 채
임신부 배를 긋던 광주의 판박이다

인간의 얼굴을 한 야만은 얼마나 화려한가
무진장한 천연가스와 매장량을 알 수 없는 석유
부자들 치장에 없어서는 안 될
루비와 사파이어가 쏟아지는 광산을
독차지하려는 검은 자본의 음모
소수민족의 씨를 말리려는 학살로 나타났다
오직 버마족의 손에서 손으로만
권력은 옮겨질 수 있다며
검은 자본은 대물림할 수 있다며

국경지대 숲속에 숨어 사는 소수민족들을
말살하기 위해 총알을 마구 퍼붓는
소수 군인들 군홧발 아래 놓인
황금의 땅 뒤에 가려진 슬픈 식민지

보이지 않는 검은 손으로
남북으로 갈려 증오의 총을 겨누고
동서로 갈려 나날이 장벽을 높여가는
분단 한국의 슬픈 현실과 똑 닮았다

미얀마 이야기를 듣고 있으면
결코 먼 나라 일이 아닌
우리의 비극을 보는 것 같아
가슴 깊은 곳이 치떨려
제자리에 서 있을 수 없다
거꾸로 뒤집힌 세상 바로잡아야 할 것 같아
바리케이드 앞에 선 미얀마 시민들과 함께
마음속 보이지 않는 방아쇠를 당긴다

죽음을 무릅쓰고 자유를 외친
미얀마 시인 친구를 따라
공포를 이기고 죽음을 넘어 가리라
마음속 깊이 감춰둔 무기를 꺼내
함께 바리케이드를 넘는다
제한의 창 부수고 감춰둔 말
마음껏 뱉으리라
볼펜 한 자루 쥔 채
꼬박 밤의 터널 넘어 새벽을 맞는다

마지막 저항, 새 출발

계엄군이 쳐들어옵니다. 시민 여러분,
우리들을 잊지 말아 주십시오.
우리는 최후까지 싸울 것입니다.
미명의 새벽 3시 50분
시민군 홍보단원 박영순이 마지막 방송을 했다
이어서 새벽 4시 기관총 세례가 도청에 쏟아 부어졌다
마치 상륙작전을 앞둔 미군이 융단폭격을 하듯
기껏해야 탄약이 얼마 남지 않는 경기관총 몇 자루
카빈 소총 한 자루씩 쥔 시민군을 향해
고지를 점령이라도 하듯 마구 쏟아부었다

앞에서는 그렇게 비정한 총탄 세례를 가한 다음
전남대병원을 통과해 도청 뒤쪽으로 침투한
대대장 임수원이 지휘하는 3공수여단 특공대는
북파공작원이라도 된 듯
모든 전기 시설을 차단한 암흑 속에서
시민군이 대기하고 있던 도청 회의실, 본관, 별관
뒤로부터 침투하여 시민군 지휘부에
수류탄보다 더한 스턴탄을 투척했다
터지는 즉시 섬광으로 사람들 눈이 멀고
불꽃을 일으키며 가연성 물체를 다 태우고 마는
가공할 위력을 지닌 폭탄이었다
아무런 사전 예고나 협상도 없이
그런 폭탄을 투척한다는 건

짓밟힌 민의, 민주주의를 지키기 위하여
방어용 무기를 든 시민군을
겨레붙이 아닌 철저하게 적으로 본다는 것이었다

이양현, 김영철 형은 쓰러진 상원이 형을
찬 바닥에 그대로 둘 수 없이
창문과 떨어진 곳에 눕히고 이불을 덮어주었다
계엄군에 맞서서 양현이 형은 몇 방 응사했지만
빗발치듯 쏟아진 M16 유탄 온 팔에 박혀
피가 줄줄 흘렀다

겨레붙이의 따스함이라곤 찾아볼 수 없이
마치 공고한 적 진지를 점령하듯 탱크를 앞세우고
시야를 막는 스턴탄, 수류탄, 자동소총 따위
우세한 전력을 쏟아부은 진압군은 1시간 안에
시민군을 다 제압하고도 모자라
총상을 입고 쓰러진 상원이 형의 총상 부위를
총검으로 헤집어 내장이 튀어나오게 했다

그렇게 열흘간의 광주 해방구는 저물었지만
한 사람의 더러운 야욕에서 벗어나
제 부모 형제를 저버린
군대의 차가운 총구를 치우고
사람 사는 세상을 만드는 꿈
더욱 넓고 길게 펼쳐졌다

전일빌딩 245

옛 전남도청 분수대 일대를 둘러보다가
전남일보가 들어 있던 전일빌딩을 찾았다
도청이 멀리 무안으로 옮기면서
건물들이 속속 헐려 도심 지도를 바꿔가는데
제자리를 지키고 있는 것이 신기해 들어갔더니
겉모습만 그대로일 뿐
대수술을 거쳐 리모델링되어 있다

미디어 천장 '캔버스 245',
남도 관광 센터, 광주 콘텐츠 허브⋯
말만 들어도 새 감각이 묻어나는
디지털 전시장, 공연장들이 빼곡하게 들어차 있다

입주해 있던 신문사가 이사가면서
새 주인이 된 광주시는 송두리째 허물고
아시아문화의전당 주차 타워를
쾌적하게 세울 작정이었단다
허물기 전에 내부를 살펴보던 중
신문사 편집국, 방송국 마이크가 있던 자리에서 발견된
수백 개의 계엄군 헬기 기총소사 흔적
차마 지울 수 없어
산 역사 교육장으로 재탄생했단다

문득 40여 년 전 그날

도청이 한눈에 들어오는 10층 옥상에서
최후의 항전에 나선 시민군 40여 명이
새벽 4시 전일빌딩 옥상으로 밀고 올라온
공수부대와 죽음을 각오한 혈전을 벌인 흔적
아직도 쓰리게 남아 있다

3명이 죽고 29명이 체포되는 비극
안타깝게 목도하면서
젊은 기자들은 죽음의 위기에 몰린 시민군들에게
재빨리 제 옷을 벗어주고
방송국 직원으로 둘러대서 아까운 목숨들을 구했단다
푹 찌르는 검열관의 총구 옆구리에 느끼며
진실을 담은 기사 한 줄
제대로 쓰지 못한 채
원고지에 핏물을 찍던 기자들
갈기갈기 찢어진 마음 생인손인 듯 아프다

채 채우지 못한 페이지의 흔적일까
원고지를 닮아 넓은 벽에
펜 자국처럼 생생하게 찍혀 있는
245개의 비정한 기관총 탄흔을 보면
아무리 잘 듣는 수술칼 들이대도
아물 줄 모르는 그날의 상처로
멀쩡한 몸 구석구석 욱씬거린다

내 또래 청년 노동자 권근립

5·18 국립묘지를 둘러보다가
문득 내 또래의 청년 앞에 선다
스물여섯의 청년 권근립은
멀리 포항 공장에서 일하다
잠시 고향 집에 들른 참이었는데
계엄군끼리 교전하던 중
그만 눈 가린 총격의 제물이 되고 말았단다

5월 24일 도청 재진입 작전을 앞두고
화순 쪽 주남마을을 떠나
송정리 비행장으로 이동하던 11공수 특전대
봉쇄 지점을 인계받기 위해 진월동을 통과하던 중
무장 시민군으로 착각한 보병학교 교도대는
이들을 향해 집중사격을 가했고,
교전 끝에 쌍방에서 군인 9명이 사망했다.

공수부대원들은 무전 불통으로 계엄군끼리 싸우다
동료들을 죽인 게 밝혀졌음에도
분풀이하듯 주변 민가를 향해서도
무차별 사격을 가했다

상황이 종료되고 난 뒤에도
민가에 난사한 총알들이 집안에 날아들었고
이어 들이닥친 공수특전대는 민가들을 샅샅이 뒤져

민간인 권씨 등 다섯 명의 젊은이를 끌고 갔다
50여 미터를 끌려가던 권씨는
계엄군의 대검이 옆구리를 찌르자
손으로 막다가 통째로 손목이 잘렸다
곧이어 넘어진 권씨의 가슴과 어깨에
M16 총알이 퍼부어져 절명했다

자신들의 잘못은 돌아보지 않은 채
무고한 시민을 체포하여 학살한
군대는 어느 혜성에서 날아온 건지
묘비 속에서 해맑게 웃는 청년은 묻고 있다

맑은 하늘에서 불현듯 눈물 같은 비 한 줄기
쏟아지는 5월
잃어버린 피붙이를 만난 것 같아
그의 묘비를 따스하게 안는다

광주, 불 같은 희망의 땅

밖으로 가는 길 다 끊어놓은 뒤
저를 낳고 길러준 부모형제를 향해
방아쇠를 당긴 금남로에서
백제의 슬픔을 읽는다
제 겨레붙이들을 차갑게 적으로 내몰면서
바다 건너 남의 나라 군대 들여와
휘두른 칼 앞에 스러져간
백제의 풀잎들을 본다

겨우 손바닥만 한 삼남을 제 발 아래 두기 위하여
고구려 끝 보이지 않는 땅
오랑캐에게 아깝지도 않은 듯 떼어준
모리배들의 검은 야욕을 읽는다

어떤 감시의 눈 하나 없어도
상점의 물건 하나 손대지 않은
대문에 빗장을 걸지 않아도
어느 누구도 담을 넘지 않은 채
오손도손 봄밤을 보내던 광주에서
백제의 마음을 읽는다
삼남만을 아프게 싹둑 자를 게 아니라
멀리 만주 벌판까지 하나가 되어야 한다고
오랑캐도 바다 멀리 미국의 검은 손도 뿌리치고
갈라진 땅 하나가 되어야 한다고

제 몸을 악기 삼아 외치는
광주는 불 같은 희망의 땅

평양성 넘어 만주 벌판으로 가지고 외치던
천년 전 신돈이 채 다 하지 못한 말
식민의 굴레 벗어던지고
우리끼리 하나 되어야 한다고
다시 뜨겁게 통일의 희망을 달구던
광주에서 백제의 꿈을 읽는다

저는 비록 십자가가 되어
기까이 몸을 내주었지만
겨레붙이를 볼모로 삼아
삼천리를 야욕의 발 아래 두어서는 안 된다고
제 형제에게 묻지 않고
바다 건너 보이지 않는 큰손에게
이 땅의 운명을 맡기지 않고
우리 피 묻은 그리움으로
삼천리는 하나 되어야 한다고
외치던 백제의 꿈 다시 살아나
뜨겁게 타오르는 걸 본다

계엄군이 겨눈 총구 앞에서
조국은 삼남이 아닌 삼천리라고 외친
청년의 꿈은 아직 푸르다
더욱 크게 자라
남이 그은 금단의 선 넘어
백두 넘어 만주까지 펼쳐가는 걸 본다

도청 앞 회화나무

철쭉 향 진동하던 그해 5월 21일
백주의 금남로 한복판에서
헬리콥터에서 쏟아지는 총탄을
온몸으로 막아낸 나무 한 그루
아직도 죽음을 이기고 제자리 지키고 있다
저를 낳고 길러준 어머니에게
비정하게 총부리를 겨누어
수백의 억울한 죽음을 낳고도
누구도 발포 명령을 내리지 않았다고 발뺌하지만
전남도청 앞을 백 년 넘어 지키는 회화나무
비록 깡마르고 허리 꼬부라졌지만
다 알고 있다

죽음의 매연 온몸으로 견디며
목마르게 햇볕을 찾아가다 꺾인 허리
숯가마에서 건져낸 듯 그을린 몸으로
잘난 사람들 다 떠나버린 뒤에도
마지막 시민군의 거점 도청을
굳게 지키던 회화나무
그 상처를 온몸에 새긴 채 살아간다

한 사람의 피 묻은 손아귀에서
병들어가던 민주주의를 지킨 것은
꼬부라진 영어 가득한 책으로

부끄러운 얼굴 가린 상아탑도 아니고
총칼이 불러주는 대로 볼펜 구부리며
평온한 해방구를 아수라로 몬 신문기자도
밤새 돌아가는 기계에 손이 먹히면서도
기꺼이 내는 국민들의 혈세를 축내면서
계엄군의 탱크 앞에
맨손의 시민들을 내던진 공무원도 아닌 것을 잘 안다

잘난 사람들 골방으로 시골구석으로 숨어
제 한 목숨만을 도모하는 사이
짐승의 얼굴밖에는 보이지 않는
계엄군의 발포를 멈추게 한 것은
시민의 발이 되어 살아온 대로
총부리 앞으로 나아간 택시 운전사
죽음의 두려운 얼굴을 뒤로 한 채
저격병 앞에 기꺼이 가슴을 열고 나아간
돌아갈 집 없는 거리의 천사
일손을 잠시 놓은 노동자들이었다는 것을
도청 앞 회화나무는 똑똑히 보았다

오직 몸 하나밖에 지킬 것이 없어 카빈을 쥔 채
계엄의 하늘과 맞섰던 도청 건물
좋은 부위만 도축하듯 다 발라가고
앙상한 뼈만 남은 해방구의 거점 위에
그럴듯하게 올린 아시아 제일의 공연장에서
먼 나라에서 온 오페라 가수며
첼리스트들이 돈과 맞바꾼 공연을 벌인다 해도
광주를 넘어 먼 바다로 가는 지평선을 지키느라

비록 몸은 죽어 없어졌지만
살아 있는 정신 천년을 가는
진실을 감추지 못한다는 것을 잘 알고 있다

링거를 꽂은 채 죽음과 맞서서
돈으로는 결코 살 수 없는 것이 있다고
역사의 진실이 암매장당한 세상에서
부끄러운 얼굴 내거는 사람들에게
인간의 얼굴을 내린 총구 앞에서
가슴을 활짝 열어젖히고 걸어나가
이 나라의 민주주의를 지킨 사람들이
누구인지 꼿꼿이 서서 증언하고 있다
한 줄기 깨끗한 새벽빛 지키고 있다

필경사 박용준

고아원에서 청춘을 앗긴 내 친구 용준이
비록 배운 것 적어
YWCA 앞에서 구두를 닦았지만
마음은 더없이 따뜻한 친구였다
광천동 야학을 지키며
제 방마저 어린 친구들에게 내주었지만
언제나 밝은 얼굴로
지치지 말라며 제 밥을 덜어주던 친구

광천동 야학에서 공부를 시작해
세상을 보는 눈 한창 밝아져
구두를 닦으면서도
세상은 일하는 자들에게 정당한 보상이 되어야 한다고
늘 떳떳하게 외쳤다
한결같이 남을 먼저 챙기는 모습에 반해
YWCA에서는 신협에 기꺼이 자리를 내주었다

글깨나 배운 사람들
다 달아난 뒤
신문 방송 총칼에 눌려
말을 잃어 버렸을 때
용준이는 제 일터인 YWCA를 끝까지 지켰다

한 사람 한 사람 바닥 사람들의 푼돈 모아

모인 목돈으로 어려운 사람들 구하는
가난한 사람들의 터전
YWCA 신협에 계엄군의 군홧발이
어지럽게 들이닥치고
내일을 위해 귀 구겨진 책을 읽는
학원생들을 묻지도 않고 폭도로 몰아
최루탄을 터뜨리고 장봉을 마구 휘두르는 살풍경을
그는 차마 그대로 두고 볼 수 없었다

계엄사가 시키는 대로
연일 폭도들이 군인들을 마구 죽이고
무법천지로 만든다는 기사를 앵무새처럼 내보내는
신문 방송을 믿을 수 없었던 용준이는
광천동 야학 교재를 만들던 필경 실력으로
투사회보에 참여하여 철필로 가리방을 긁었다

겨레붙이와 등을 돌린 군인들의
가린 얼굴을 드러내고
기꺼이 과녁이 되면서도 헌혈을 하고
제 피붙이를 본 듯 주먹밥을 나누는
대인시장 양동시장 사람들 이야기를 따뜻하게 담았다

그렇게 총 대신 붓 하나로
시민들의 마음을 움직여
26일 계엄군의 재진입 음모를 막기 위해
수많은 젊은이들이 도청과 YWCA에서 나선 새벽
자신의 일터 신협을 온몸으로 지키다가
계엄군의 비정한 총탄에 희생되었다

계엄군의 총탄은 그의 몸을 관통했지만
퍼렇게 살아 있는 그의 정신
한 자락도 건드릴 수 없어
그는 우리 곁에 여전히 살아 있다

다시 금남로에 서서

마흔둘 장년으로 접어드는 5월의 아침
다시 금남로에 서서 그날을 돌아본다
콩 한 조각도 골고루 나누고
하나같이 담을 헐고 대문 활짝 열어
저벅저벅 좁혀드는 계엄군의 군화 소리에 막혀
집으로 돌아가지 못하는 아들딸들
따스한 봄밤 이루게 하던
그날 광주 해방구 되찾는 꿈을 꾼다

광주가 무너지면 삼천리가 사리사욕으로 뭉친
군대의 발밑에 짓밟힌다고
새벽을 맞는 꿈 산산조각이 난다고
시민군 대열에 망설임 없이 합류하던
눈이 맑은 젊은이를 본다
헌혈하러 간다고 적십자병원 쪽으로 갔다가
행방불명이 된 동생을 찾아야 한다고
간호병 완장과 구급 배낭을 챙기던 누이를 본다

지금이라도 늦지 않았으니
집으로 돌아갈 사람은 돌아가도 좋소!
기동타격대장 윤상원 형의 만류에도
망설임 없이 광주의 새벽을 지키기 위하여
뒤돌아보지 않고 도청을 사수하러 가던
시민군 지원 청년의 든든한 모습

지금도 아름다운 그림 한 폭으로 남아 있다

카빈소총 수십 정, 경기관총 몇 자루로
거대한 대포와 장갑차로 중무장한 계엄군을
이길 수 없을지 모르지만
역사는 우리를 승리자로 기록할 것이다
그날 상원이 형이 남긴 말
지금도 살아서 금남로 하늘을 가득 채우는 5월

비록 그날의 시민군은 눈에 보이지 않지만
기꺼이 한 몸을 던져 민주의 새벽을 연
5월의 청년들을 죽음의 구렁텅이로 몰고
발포자를 끝내 비밀의 늪으로 끌고가는 무리들
이제 서른아홉 장년의 5월
더 이상 물러서지 말고
역사의 무대에서 끌어내려 단죄해야 한다
제 한 몸 아낌없이 던져 민주주의의 주춧돌이 된
5월의 영령들을 두 번 죽이는
저 거짓과 권력욕으로 차갑고 굳게 뭉쳐진
반역자들이 한 발짝도 설 수 없도록
시민들의 힘으로 끝까지 밀고 가야 한다

제 피붙이에게 총알을 난사한 것도 모자라
흔적도 없이 태우고
암매장지 지도마저 찢어버린
저 야만의 손아귀로부터
그리운 벗들을 되찾아야 한다
억울한 누명들 깨끗하게 벗겨

핏발 선 그리움으로 기다리는
부모형제 곁으로 돌아오게 해야 한다
따스하게 손에 손잡은 시민들의 힘으로
이룩한 도둑 없는 광주 해방구를 활짝 넓혀
민주주의를 삼천리 방방곡곡으로 퍼뜨려야 한다

■발문

주먹밥, 무기를 이긴 쌀 한 톨

김 상 집
((사)광주전남 6월 이사장, 윤상원 평전 저자)

박몽구의 시는 주먹밥이다.

"아무리 손에 쥐려 해도
주르르 흘러내리는 쌀
가만히 들여다보면
사람의 눈이 들어 있다"

박몽구의 시는 1980년 5월 전라민중무장봉기를 목격한 시민군의 눈을 따라가고 있다. 박정희의 17년 군부독재가 무너지자, 유신헌법을 폐지하고 국민투표를 통해 민주정부를 수립하려는 국민의 열망과 이를 총칼로 짓밟은 공수들의 잔혹한 살상을 '주먹밥 한 톨의 쌀알 – 목격자의 눈'으로 생생하게 전달하고 있다. 시민군의 무장과정과 파리콤뮨, 곧 '해방구 광주'를 한 개의 주먹밥으로 풀어내고 있다.

"그렇게 흩어지는 쌀톨들
무쇠솥에 안치고

"이글거리는 장작불 일궈주면
세상의 어느 피붙이보다 따뜻한 정으로
서로 끈끈하게 붙는다"

주먹밥 한 톨의 쌀알마다 우리의 눈이 되어 '해방구 광주'를 생생하게 전달하고 있다. 5월 18일 아침 전남대 정문의 학살에서부터 5월 20일 2만 명이 넘는 한일은행 사거리 '전남민주주의와민족통일국민연합'의 대집회, 택시운전사들이 불붙인 차량 돌격대로 공수들을 도청 안에 가두고 광주를 해방구로 만드는 승리의 행진을 한 사람 한 사람의 눈으로 보여주고 있다.

"그렇게 끈끈하게 뭉친 주먹밥
어떤 무기로 가르려 해도
나뉘지지 않고
시민군 형제들을 하나 되게 했다
아무리 힘 없는 갈래머리 여학생의 손에 쥐어져도
바리케이드를 넘어
씽씽 날아가는 돌팔매가 되었다"

주먹밥 한 톨의 쌀알은 이성학, 윤상원, 김영철, 장두석, 박용준, 김남주, 김씨, 신영일, 권근립, 김상집, 김인환, 서호빈, 유동운, 박영순, 임낙평, 두 어머니, 나명관, 안길정, 이연, 임영희, 이광영, 장훈명, 노병호, 김준태, 박금희, 오동찬, 무명열사 들의 눈이다. 그리고 총을 든 미얀마 배우이다. 천수천안관자재보살의 눈이다.

"주먹밥을 나눠 먹은 사람들이 뭉쳐
어떤 거짓으로도
심장을 도려내고 무기로도
깨뜨릴 수 없는
광주 해방구를 만들었다

사람 사는 세상을 만들었다"

박몽구의 시는 광주 해방구, 사람 사는 세상으로 치닫고 있다. 해방구, 사람 사는 세상을 이루기 위해 자신의 몸을 역사의 희생 제물로 내던진 사람들의 한마디한마디를 육성으로 전달하고 있다.

"우리의 의지는 확고하다. 전두환 살인마가 우리 부모형제들을 무차별 살육하고 있다. 오늘도 공수들이 암매장한 시신들을 찾아왔다. 소식을 모르는 행방불명자들이 이미 수천 명이 넘는다. 자유와 민주를 위해 싸우다 비통하게 숨져간 열사들의 숭고한 뜻이 헛되지 않도록 우리는 총을 들고 싸워야 한다. 광주시민들의 생명과 재산을 보호하기 위해 시민군이 되고자 여기 모인 여러분들을 열렬히 환영한다. 우리는 전두환 살인마가 즉각 비상계엄을 해제하고 정치 일정에 따라 민주정부를 수립할 때까지 싸울 것이다. 외신기자들은 손가락 세 개를 펴 보이며 앞으로 3일간만 더 버티면 전두환은 물러날 것이라고 하더라. 민주정부가 수립될 그 날까지 끝까지 투쟁하자."

"시민 여러분, 지금 계엄군이 쳐들어오고 있습니다. 사랑하는 우리 형제, 우리 자매들이 계엄군의 총칼에 숨져가고 있습니다. 우리 모두 계엄군과 끝까지 싸웁시다. 우리는 광주를 사수할 것입니다. 여러분 우리를 잊지 말아주십시오. 우리는 최후까지 싸울 것입니다. 시민 여러분, 계엄군이 쳐들어오고 있습니다."

시민군과 지도부인 민주투쟁위는 죽을 것을 뻔히 알면서도 왜 자리를 지켰을까? 죽음을 눈앞에 두고서도 의연히 맞서 싸울 수 있었던 그 힘은 어디서 나왔을까? 도청 지도부는 아무도 이탈하지 않았고, 기동타격대를 선두로 500여 명의 시민군은 의연하게 항전했다. 이는 마치 죽음을 선택한 것처럼 보인다. 박몽구는 이 결사항전의 주역들을 주먹밥 한 톨 쌀알의 눈으로 살려낸 것이다.

5월, 눌린 기억을 펴다

펴낸날 2022년 1월 20일
제 2 쇄 2024년 12월 20일
지은이 박몽구
펴낸이 박몽구
펴낸곳 도서출판 시와문화
주 소 13955 경기 안양시 동안구 경수대로883번길 33,
           103동 204호(비산동 꿈에그린아파트)
전 화 (031)452-4992
E-mail   poetpak@naver.com
등록번호 제2007-000005호 (2007년 2월 13일)

ISBN 978-89-94833-75-0(03810)

정 가 12,000원